U0502796

定位
CH●SE
选择

[美] 瑞安·莱韦斯克◎著
（Ryan Levesque）

王正林◎译

中国科学技术出版社
·北　京·

本书中文简体字版通过 **Grand China Happy Cultural Communication Ltd（深圳市中资海派文化传播有限公司）**授权中国科学技术出版社在中国大陆地区出版并独家发行。未经出版者书面许可，不得以任何方式抄袭、节录或翻印本书的任何部分。

北京市版权局著作权合同登记　图字：01-2024-0731

图书在版编目（CIP）数据

定位选择 /（美）瑞安·莱韦斯克（Ryan Levesque）著；王正林译 . -- 北京：中国科学技术出版社，2024.8

书名原文：Choose

ISBN 978-7-5236-0774-9

Ⅰ.①定… Ⅱ.①瑞… ②王… Ⅲ.①市场营销学 Ⅳ.① F713.50

中国国家版本馆 CIP 数据核字 (2024) 第 104291 号

执行策划	黄　河　桂　林	
责任编辑	申永刚	
策划编辑	申永刚　贾　佳	
特约编辑	郎　平	
版式设计	吴　颖	
封面设计	东合社·安宁	
责任印制	李晓霖	

出　版	中国科学技术出版社
发　行	中国科学技术出版社有限公司
地　址	北京市海淀区中关村南大街 16 号
邮　编	100081
发行电话	010-62173865
传　真	010-62173081
网　址	http://www.cspbooks.com.cn

开　本	787mm×1092mm　1/32
字　数	133 千字
印　张	8
版　次	2024 年 8 月第 1 版
印　次	2024 年 8 月第 1 次印刷
印　刷	深圳市精彩印联合印务有限公司
书　号	ISBN 978-7-5236-0774-9/F·1268
定　价	59.80 元

（凡购买本社图书，如有缺页、倒页、脱页者，本社销售中心负责调换）

致中国读者信

TO MY CHINESE READERS,

THANK YOU FOR THE OPPORTUNITY TO
SHARE MY STORY, JOURNEY, & DISCOVERIES
WITH YOU.

CHINA WILL ALWAYS HAVE A SPECIAL
PLACE IN MY HEART.

AS YOU WILL DISCOVER IN THE PAGES OF
THIS BOOK, I LIVED IN CHINA FROM
2002 - 2008, AND MY PERSONAL STRUGGLE
AND JOURNEY OF PERSEUERANCE LEARNING
THE CHINESE LANGUAGE HAD A MAJOR
IMPACT ON MY LIFE, AND AS A RESULT,
THE METHODOLOGIES YOU'LL BE LEARNING
ABOUT IN THIS BOOK.

I HOPE YOU ENJOY READING IT AS MUCH
AS I ENJOYED WRITING IT.

MY BEST WISHES,

RYAN LEVESQUE

CHOOSE

致中国读者信

亲爱的中国读者们，

　　非常感谢你们给我这个机会，让我能与你们分享我的故事、旅程和发现。

　　中国在我的心中永远占有一个特别的位置。

　　从 2002 年到 2008 年，我曾在中国长居过，读了本书你就会知道，我在中国学习中文的艰苦旅程和个人奋斗史对我的生活产生了重大影响。你们将在本书中学习到的方法论正是由此而来。

　　我希望你们阅读这本书时，能像我写作时一样享受其中。

　　最好的祝愿。

Ryan Levesque

瑞安·莱韦斯克 / 李来恩

CH○SE

献给所有对成功充满渴望的
未来企业家

如果你曾有一个疯狂的想法想要创办自己的公司
如果你曾梦想着做自己喜欢的事
如果你曾经失败或者在某项事业上输光了一切……
力求改变现状

如果你现在手头有了一样将会改变世界的东西
但你不知道接下来该去往何方
或者你只是想弄明白自己想做什么
以及想变成什么样的人……

那么这本书就是为你而写的
它就在你的手上
假如我是你
我希望有人为我写这本书

本书赞誉
CHO●SE

哈尔·埃尔罗德
畅销书《早起的奇迹》作者

《定位选择》这本书使用了一种前所未有的方式来简化流程，对于想要创办或发展企业的创业者来说，它能帮助你消除恐惧，并将你从繁重的任务中解脱出来。

杰夫·沃克
畅销书《浪潮式发售》作者

瑞安·莱韦斯克提供了一种前所未有的方法，它不仅能够用来分析任何商业模式和市场，还能够系统地回答最重要的问题：这真的有用吗？值得一读！

火 焱

小红书专业讲师，企业高级培训师，互联网资深从业者

作为知识经济时代的创业者，我们常常面临选择的困境，无疑，"定位"成为我们最重要的一环。小到个人做自媒体账号，大到合伙开规模化公司，"定位"一旦错误，很可能导致全局的失败。瑞安·莱韦斯克的《定位选择》，以其独特的视角，帮助我们理解如何通过头脑风暴、测试和选择三个阶段，在创业之初能够快速识别和选择正确的市场，从而降低风险，提高成功率。

李炳池

杀手文案训练导师，神笔文案创始人

在这个知识爆炸的时代，选择正确的市场比以往任何时候都重要。瑞安·莱韦斯克通过其独创的市场选择方程式，帮助读者理解如何评估市场、测试创意并做出明智的决策。书中丰富的案例分析和实战策略，为读者提供了一条清晰的创业路径。无论你是初创企业家还是寻求业务转型的老手，这本书都是你不可多得的资源。

杰·亚伯拉罕

全球商业战略家，畅销书《优势策略营销》作者

对于数百万名失败的创业者来说，假如他们能在创业之初就把

《定位选择》作为他们的指导思想和试金石，他们就可能成为今天的成功人士。我强烈推荐这本书，因为它从那些看似随机的事件中得出了合乎逻辑、具有预测效果并且非常可靠的规律。

多利·克拉克
杜克大学福库商学院兼职教授，《深潜》作者

很多有抱负的创业者都把目光聚焦在了错误的问题上。瑞安·莱韦斯克的《定位选择》却是一本帮助创业者改变规则的好书。

布兰登·伯查德
畅销书《能力都是逼出来的》作者

如果你做了错误的选择，创业可能会异常艰难；如果你做了正确的选择，你的创意将会迅速转变成一家受使命驱动的高利润公司，并且拥有狂热的粉丝。瑞安是一位伟大的商业导师，他会为你节省大量的时间和金钱。

迈克尔·海亚特
畅销书《规划最好的一年》作者

创业可能是你做过的最冒险的事情。在《定位选择》一书中，瑞安·莱韦斯克将风险降到最低，帮助你做出你所面临的最重大的抉择：选择正确的市场。

迪恩·格拉齐奥西
《百万富翁的成功习惯》作者

在思考失败的创业经历、我们在前进过程中会犯的错误，以及可采取的措施时，《定位选择》将改变你的看法。这是一本你希望在创办第一家企业之前就能拥有的书，它将帮助你百尺竿头更进一步。

雷·爱德华兹
《如何写出爆款文案》作者

这本书颠覆了传统的创业观念。对于任何想要创业的人来说，这都是必读书。

凯文·哈灵顿
《关键影响人物》作者

无论你是想开创一项副业，还是想继续创业，去创办你的下一家百万美元的企业，你都应该停下手头的事情，现在就读这本书！

凡尔纳·哈尼什

创业者组织创始人，畅销书《指数级增长》作者

在公司扩张之前，你必须决定要开展什么业务。《定位选择》是每一位有抱负的创业者在创业或进入新领域之前必读的一本书。

约翰·阿萨拉夫

《拥有一切》《答案》作者

50% 的美国人梦想着创办自己的公司，但只有 5% 的人实现了这个梦想，因为大多数人要么害怕走出第一步，要么不知道该做什么，或者不知道从哪里开始。这本书将为那些不知道怎么做或者不知道从哪里开始做的人提供帮助。

迈克尔·马斯特森

《准备，瞄准，开火》作者

如果我重新开始创业，我一定会使用瑞安的方法帮助我找出创意并对其进行测试。他的方法很直接，好比战场上的指挥官高喊："准备，瞄准，开火！"这些数字型工具适应当今时代的需要，它们的有效性令人惊讶。

佩里·马歇尔

《谷歌广告终极指南》《80/20 销售与营销》作者

瑞安将市场选择简化为一系列精确的象限，按照他的方法，你能有效地避免跳进空泳池，不至于摔断脖子、毁灭家庭。

迈克·米哈洛维茨

《齿轮与利润优先》作者

《定位选择》充满了可操作性极强的实用策略，它比我读过的其他任何书都能更好地提高你的创业成功概率。

汤姆·金克拉

金克拉公司首席执行官，《选择成功》作者

《定位选择》凭借步骤详细的指导，鼓舞人心的文字，以及几十个现实世界的案例，成为每一位有抱负的创业者在推出新产品或创办新企业前的必读之书。

知识经济时代兴起
实现确定性增长，你必须选择正确的赛道

在推出一项新业务之前，你应当提出的最重要的问题是什么？

请思考片刻。这个问题与你自己有关吗？与你的经验有关吗？又或者，是一个完全无关的问题？

实际的答案可能让你倍感惊讶。当我找到它后，一切都改变了。

从依靠妻子 3000 元月薪维持生活到月收入 2.5 万

我创办的第一家公司销售的是一套专门教客户用拼字游戏 Scrabble® 的拼贴制作首饰的课程。听起来很奇怪，对吧？这次创业

是一个出人意料的选择，尤其是在创办这家公司的几个月前，我还在美国国际集团（AIG）中国分公司工作，收入达到六位数。我之所以决定自己创业，一方面是由于2008年的金融危机，美国国际集团几乎破产，另一方面则是因为我渴望找到另一种工作方式。

我一直对中国很着迷，从布朗大学（Brown University）毕业后，我抓住了在国际金融和保险业工作的机会。很快，我和妻子泰勒妮结婚并一起移居到中国，我在上海工作，她在香港攻读博士学位。

一天早上，我打开《华尔街日报》时看到了美国国际集团即将破产的大标题，于是立刻递交辞呈，卖掉在上海的一切，搬到香港与妻子团聚。我们挣了一些钱，但不多，可能都不够我一天游玩的花销。于是，为了创收，我开创了Scrabble®拼贴业务，计划用这种日益流行的时尚赚钱。最后，我每个月能挣到几千美元，直到这一短暂的狂潮结束，公司的生意无以为继。

于是，我和泰勒妮回到了美国。那时，我们的积蓄已经花光了。她在得克萨斯州布朗斯维尔的一家博物馆找到一份管理工作，月薪3000美元。布朗斯维尔是一个距墨西哥边境1.6千米的小镇，也是美国最穷的地区。我们住在一套破旧的一居室公寓里，用草坪椅当客厅家具。我们每周二会在明星汽车餐馆吃饭，因为他们出售1美元的芝士汉堡。我们买三个汉堡，每人先吃一个后，再平分第三个。

尽管我们的生活条件很差，但我之前创办 Scrabble® 拼贴首饰公司的经历让我对个人创业产生了足够的期望。我决定创办我的第一家真正的互联网公司，并选择了照料兰花（Orchid Care）这个鲜为人知的利基市场。

18 个月后，我的月收入达到了 2.5 万美元。尽管我是偶然发现了这样一桩生意，但这可不是一般的成功。在思考这桩生意为什么会成功、怎样继续成功下去，以及我能否在其他市场复制这种成功时，我意识到，我取得的成就可以回溯到当初做出的一个决定，这个决定在很大程度上帮助我摆脱了窘境。

别问"我应该卖什么"，问"我应该为谁服务？"

首先，让我们承认这一点：创业是一种风险。每年有数百万人满怀信心地创办他们自己的小公司，其中 20% 的人第一年就失败了，50% 的人在第五年宣告失败。

如果你是那些一度失败的人之一，就会知道，这个结果对你的信心和钱包会产生多大影响，而且这还只是开始！如果你不属于那

50%曾经失败的人群，那么创业失败的概率也会让你对这个决定三思而行。你现在可能生活得很好，虽然自己做生意的想法令人兴奋，但一想到要放弃目前舒适和稳定的生活，肯定会感到不安。创业总是会引发人们内心的思想斗争。

我们并不缺乏优秀的商业创意，也不缺少拥有动力去追求它们的人。你也许已经创立了品牌，拥有了自己的网站，制作了优良的产品，利用了你拥有的每一种资源，并且花费了宝贵的时间和金钱，但仍然没能在事业上取得成功。为什么这么多人都失败了呢？当你似乎把每件事都做对了的时候，怎么还会出问题呢？

有些人将失败归咎于经济、商业贷款利率或选错了供应商。有些人责怪自己，心想："要是我工作更努力，更富有创造力，或者拥有更多做生意的天赋，就好了。"

我要告诉你的是，虽然上面列举的因素也可能是你失败的原因，但没有哪一个能够单独决定你的命运。只有一件事情能够单独决定你的命运，那就是选择了错误的市场。

如果你选择了错误的市场，你的公司注定失败，甚至你还没开始的时候，它就已经失败了。相信我，一定会失败。

选择了错误市场的原因可以追溯到一开始提出的错误问题。

我屡次看到，整个创业过程之所以从一开始就注定失败，就是因为一个可以避免的简单错误：**你不该问自己应当卖什么或者应当制造什么，而是应当把问题的重点放在"谁"。比如，你该为谁服务？**

问卖什么或者制造什么，是个很快就会冒出来的逻辑问题，但从"谁"开始探询，才是其他一切事情赖以建立的基础。

每当你进入一个新的市场，就好比在河里放下一艘航船。航船有两种方式在河里向前行进：一个是依靠自然水流的力量前进，随波逐流；另一个是依靠人的力量，推动航船前进。

把航船放下水时，有些人会将它们放在这样的河里：河水很深，并且水流湍急，能够推动航船前进。湍急的水流带着航船，立即形成一股向前行进的动力。一切都在加速，有时你甚至难以跟上这样的步伐，但这是很多企业主都在寻求的一种狂野冒险。

另外一些人把他们的航船放在了一条浅河里，河里只有轻轻泛起的涟漪。他们或许认为航船能在河里制造大水花，事实是，待最初的水花平息下来后，想让航船继续向前行进，他们需要付出艰辛的努力。这种河里的大水花所产生的动力只能持续几秒钟。

如果你选择将航船放进一条浅而静的河里，那么成功的机会并不在你的掌握之中。即使你购买了最昂贵的漂流设备，雇用了最能干的船员，每天工作 18 个小时，航船也走不了多远。

激流泛滥的河道也可能带来问题。过于湍急的水流会使你的航船倾覆，或者将其整个吞没。而且当人人都想把他的航船放到某条河流中时，河里很快就会变得过于拥挤，让人不适。你一定不想在河流拥堵的时候将船放入水中。

但是，如果你知道在哪里可以找到一条难以找到的河流，而这条河"恰好"适合你将航船放下水，你要怎么做呢？你还是必须准备好你的航船，把它带到河边。你必须充满信心，知道一旦船下水，动力就会随之而来。**成功意味着驾驭激流，而不是把所有时间都花在试图产生急流上。**这就是本书的全部内容。

本书写给那些曾经梦想着创业或者做自己喜爱之事的人，他们可能已经辞掉工作，全身心投入自己的事业，也可能是开始利用晚上和周末的时间从事副业。它也适用于那些曾经尝试创业的人们。他们要么已经失败了，要么难以让自己的事业腾飞。

同时，这本书是写给那些正在经营某家成功企业的人士的，他们要么想在新市场拓展自己的业务，要么考虑开创一项独立的、无关此前生意的新业务。最后，这本书还写给那些仍在努力弄清楚自己想做些什么、长大后想成为谁的人。

这本书将为你提供帮助，推动你在自己的人生旅途中前行。我不仅会确保你的航船在正确的河流中行驶，还会与你并肩行进，充当你的向导，让你避开危险的暗礁，指导你划好每一桨，确定你朝着自己想去的地方前进。

消除恐惧与疑虑，实现信心的飞跃

我曾写过一本名为《反直觉询问》（*Ask*）的书，为 10 万余名创业者提供服务。我喜欢听那些追随我的读者讲述他们成功的故事，比如查理的古他课程教学业务原本每月收入 1 万美元，后来迅速增长到年收入 250 万美元；贾马尔从最初每小时挣 17 美元，发展到在一年之内挣 60 万美元，这些故事有成千上万个。

我听说了所有与之相似的成功案例，但是偶尔还会听说某位读者从头到尾都在遵循 the ASK Method® 反直觉询问法，却因为选择了一个糟糕的市场而失败或苦苦挣扎。每当这时我都十分痛苦。我意识到，我必须写出这本书来解释一些我在《反直觉询问》中没有透露的东西：我如何选择了成功的市场。

把每件事都做好是有可能的，如使用适当的融资方法、聘请合适的人才、在正确的时间推出产品，但你还是有可能难以使企业起步并赚钱。如果你选择了错误的市场，就总会遇到这种情况。本书旨在帮助你完全避免这样的命运。

如今，尽管我已在多个市场中获得了成功，且每年都在帮助数以千计的创业家自信地找到新的利基市场并进入其中，但在创业之初，我也经历过一些至暗时刻。

那时，我总会为每一个重大决策感到痛苦，并且事后责备自己。有一次，我凌晨3点还躺在床上辗转反侧，忧心忡忡，我找到了"盆景树和兰花"这两个自以为可以进入的市场，为即将投入的时间和金钱而思前想后。

当时，我和妻子刚刚搬回美国，靠她每月3000美元的收入维持生活，寄希望于我的小生意能够取得成功，以便可以为客厅添置一些家具，每个月还可以出去吃一顿。留给我犯错的余地很小。如果这次冒险失败了我将不得不去找一份朝九晚五的工作。我希望有什么办法能让自己更有把握。

我发现，我们在创办新的企业时面临的最大担忧，就是害怕失去已经拥有的稳定生活。如果你有信心使企业立即获得增长动力，那你就无须为它担心了。

说到选择你的市场、验证你的理念，并决定创造某个企业时，你可能会遇到太多问题。

如何创办一家成功的企业，不仅能够赢利，还能帮助别人？有没有办法充分利用现有的知识和技能？如何在竞争中脱颖而出，成为赢家？能否找到一个具备足够潜力的市场，让它持续创造收入？如果对某个特定的行业没有强烈的兴趣或对很多东西都感兴趣，觉得选择太多时，该如何选择市场？当你在两件自己都喜欢做的事情之间左右为难时，该怎么办？最后，该如何实现"信心的飞跃"把事情做起来？

有很多创意、问题和担忧在你的脑海里不断浮现，最糟糕的是你不知道从哪里开始做。

好消息是，这不是我第一次将航船放入河流之中了。我已经指导了成千上万名创业者一起完成我们即将开始的旅程，我自己也成功地独自走完了20多次创业之旅。一路走来，我犯了所有代价高昂、令人痛苦的错误，所以，你不必再犯这些错了。至于以上那些问题，在这本书中，我会在适当的时候一一解答，甚至回答更多的问题。

在我的创业之旅中，以及指导成千上万创业者的过程中，我一直在思考建立某个框架的必要性：这个框架相当于一个系统，它能够引导你解答问题，并且让你相信自己找到了正确的答案。在这一框架中，你必须解决一个阶段的某个问题才能进入下一个阶段。这个框架中的内容建立在数据、规则、衡量标准、趋势和各种明确的检查项目之上，它们将使你明确各种创业机会是否值得投入。

市场选择方程式，从 0 到 1 实现确定性增长

在《反直觉询问》一书出版后，我发现人们仍然在犯一个根本性错误，即选择了错误的市场。是时候创立一个完整的市场选择流程来解决这个问题了。这就是我开始这段为期三年的写作之旅的原因。在此期间，我不断摸索、检验、完善每一个步骤，我所创立的整个流程将在市场选择上带给你最高的成功率。

我剖析了自己近 10 年来的经历，在这 10 年里，我涉足了几十个互不相关的市场，创造了超过 1.5 亿美元的收入，建立了多家企业，有的甚至跻身于美国成长最快的 500 家公司之列。但是，我在关注成功的时候，同样关注甚至更加关注失败，在创业初期尤其如此。我哪里做错了？能做些什么来补救？那些蓬勃发展的企业与破产的企业之间是否存在共同点？

为了检验最初的假设，我把自己当作小白鼠进入了几个市场，并整理出自己的发现，然后开始用我的方法和一些客户打交道：我惊奇地发现，我分享给他们的内容往往是帮助他们开启成功之门所缺失的最后一块拼图。

　　接下来，我开始与世界各地的创业者分享这种方法，并且开始在网上授课。每次我指导人们走完这个流程，我都会回过头来对内容进行调整和优化，以确保它具有合理性和明确的目标，让人易于理解并具备实用价值，保证它既回答了紧迫的问题，又消除了最大的隐患。所有这一切都说明，你即将深入其中的"市场选择"之旅并不仅仅建立在我的个人经验之上。成千上万名学员和世界各地的创业者已经运用这种方法来开创企业并取得了成功，你的"市场选择"之旅正是建立在这些结果之上。

　　通过 Choose Method™ 市场选择方程式，你可以通过计算了解你的创意对市场需求的满足程度，确定市场规模与潜力，并找到独特的视角。我们将阐述评估竞争对手的最佳方法，教你如何缩小关注范围，选择正确的商业模式，并决定销售什么产品以及它的价格。你将找到把激情与目的结合起来的方法，明白当你止步不前或者承受打击时应该做些什么，了解自己最终应该如何前进，并且能够在成功可能性非常大的利基市场中践行你的商业创意，哪怕你是那种因为过度思考而丧失分析能力的人。

我们将一起了解三个阶段的流程：头脑风暴阶段、测试阶段和选择阶段。每一个商业创意都将经历这几个阶段；每一个阶段的结果将决定你是可以信心十足地继续前进，还是应该回过头来重新思考你的创意或方法。

头脑风暴可以让你在一开始就放眼全局，收集所有潜在的创意，确保不会一起步就做出狭隘的思考。在测试阶段，通过将头脑风暴得出的创意与经过验证的行业标准进行比较，以此来评估商业创意的潜力，从而达到审核创意的目的。在选择阶段，你可以根据测试结果，做出明智的决策，选择你要进入的市场；在深入了解了自己的目的之后，你就可以自信地实施可行的创意，并且心安理得地将不具备可行性的创意暂时搁置起来，或者更准确地对其进行修改，并将它重新放到测试中来。实际上，每一个阶段都为下一阶段打下了基础，直到你有把握做出最终选择。

为了进一步帮助你，我将为你提供各种各样的资源，包括练习题、图表和测试，这些资源能够帮你理解书中的要点、做进一步练习，并加以说明。我将在不同的章节里为你介绍每一种资源该如何发挥其最大的作用。你还可以通过下面的这个图标，轻松地找到贯穿全书的各种资源。图标为：🅑 。

最重要的事情就是关注你的商业模式，也就是你创造收入和利润的方式。在面对各种选择时，你可能会感到不知所措。我将帮助你找到那些想要购买你的创意、信息或专业知识的客户。

另一个重点是市场选择的过程中不可或缺的东西，它们在测试阶段尤其重要。这些东西你已经非常熟悉，它们就是交通信号灯。你没看错，就是交通信号灯："红灯"代表"停止"，"黄灯"代表"警告"，"绿灯"代表"前行"。在评估头脑风暴中出现创意时使用这些基本概念，你就无须猜测哪些创意具有可行性。你将排除那些被证明是"红灯"的创意；如果它们被证明是"黄灯"，你就要谨慎对待它们；如果它们经过验证是"绿灯"，你就可以充满信心地继续前进。若你在测试过程中遇到"红灯"，就要回到之前的头脑风暴步骤，再提出另一个创意。

由于这一流程的某些部分可能会与你的直觉背道而驰，让你感觉不舒服，所以，保持良好的心态很重要。牢记以下的几点建议将对你有所帮助。

首先，接受循环往复的测试。如果在头脑风暴中出现的第一个市场没有通过"红绿灯"测试，你可能需要反复测试几次。虽然这可能让你觉得自己在倒退，但实际上你是在进步的。有时候，你必须先回头，才能继续前进。

其次，拒绝创意可能比接受创意更重要。你要排除各种可能性，这将使你的企业发展得更快。也就是说，你必须干掉自己的一些创意，甚至所有创意。这也许很难，因为你的一些创意可能是你一生都在思考的事情，一旦发现它们不可行，你将面临毁灭性的打击。我也有过很多次这样的经历，但是请相信我，最好是现在就知道哪些创意不可行，而不是等到创业失败以后才知道。

最后，想要取得任何形式的进步，你都得从某个地方开始。埃隆·马斯克和史蒂夫·乔布斯有什么共同之处？他们过去都不是亿万富翁。很多极具影响力的成功创业者，都是白手起家的，他们中的大多数就是这样从 0 到 1 干起来的。

在研究成功人士时，你可能犯的最大错误是看他们现在在做什么，而不是了解他们在你当前所处的阶段时在做什么。 尽管困难重重，屡屡受挫，他们还是选择了冲向未知领域。他们选择了坚韧而不是恐惧。当然，他们选择了最重要的东西——正确的市场。

如果把创业比喻为在河里放一条航船，然后乘着航船破浪前行，那么，我以前就来过这条河，来过很多次。我曾引导许多创业者走过这段令他们兴奋、恐惧和激动的旅程。此刻就是你的起点，我们要拼搏一番了，你准备好了吗？让我们出发吧！

CHOOSE
THE SINGLE
MOST
IMPORTANT
DECISION
BEFORE
STARTING
YOUR BUSINESS

CH⬤SE

CONTENTS 🔘

目 录

第三阶段　选择你的市场，启动低风险创业

附加资源

第 一 阶 段

头脑风暴：创意价值最大化

　　正确选择市场的第一步就是展开科学的头脑风暴。它包括了你对商业模式、利基市场和商业创意的发散性思维。你需要理解 4 种产品类别、了解自己的企业家类型，并且喊出你的创业宣言。

BRAINSTORM

你不必把它做得完美无缺，你只需要开始做。

　　即使最好的创意从天而降，砸到了你的头上，你也可能需要对它们进行适当的调整。你第一次将自己照片作为宣传照时，有什么感受？你最近一次直接把自己的初稿作为定稿是什么时候？在选择市场的道路上，你得做出一些基本决定。即使你认为自己已经知道这些决定将是什么，如果不给自己一个头脑风暴的机会，它们的价值也会大幅缩水。

　　你听说过一个名叫 Pectoralz 的摇滚乐队吗？"海星"（Starfish）呢？也没听说过吧？这是酷玩乐队（Coldplay）最初的两个名字。大获成功的涅槃乐队（Nirvana）同样如此。在他们大红大紫之前，主唱库尔特·科本（Kurt Cobain）用"臭大粪"（Fecal Matter）作为乐队名字录制了一张唱片，之后他们曾多次更改乐队的名字，包括"贫民窟"（Skid Row）、"特德·埃德·弗雷德"（Ted Ed Fred）等。范·海伦乐队（Van Halen）最初称自己为"老鼠沙拉"（Rat Salad）。

朋友们，这就是头脑风暴的重要性。如果每个人都执拗地坚持最初的想法，丝毫不作出改变，我们可能就不得不在周五晚上去看"老鼠沙拉"的重组巡演。

头脑风暴并不是一个新概念。这个词最初诞生于 20 世纪 40 年代，由创造学和创造工程之父、美国 BBDO 广告公司创始人亚历克斯·奥斯本（Alex Osborn）首次提出，当时他正在思考创造性难题处理法。如今，头脑风暴已涵盖了多种类型，如群体头脑风暴、单人头脑风暴、开放式练习以及定时讨论等。尽管头脑风暴的类型千差万别，但其目的是相同的，那就是收集创意。

有的人只要一提到头脑风暴就会手足无措，说自己在产生创意方面没有足够的天赋。如果你也这么认为，那你就太不自信了。你给孩子或宠物起过名字吗？你是不是考虑过到达一个目的地的不同道路？你曾经为某次聚会构思过主题吗？在所有这些情况中，你的大脑都在管理各种创意，然后过滤它们，这就是头脑风暴。

现在，你要做的就是把同样的思路运用到接下来的 3 个步骤中，并在其中围绕商业模式、利基市场和商业创意做出决策。这 3 个步骤是你选择市场并创办企业必需的基础工作，我将通过解释、举例和提出关键性的问题来帮助你检查和优化它们。

准备好了吗？我正式欢迎你加入智囊团。

第 1 步

商业模式头脑风暴：
抓取你能疯卖的产品

如果你想建造一座房子，会首先准备好图纸，然后修建地基，再开始砌墙。和建房子需要图纸一样，创办企业也需要蓝图。你的企业蓝图也称为"商业模式"，它是你在创业之初必须做出的第一项决策。商业模式是一项计划，告诉你企业中的各种事务应当如何运行，并且为你提供组织结构和各项参数，以便你充满自信地扬帆起航。

知识付费：最划算的商业模式

你开过实体店吗？你开过网店吗？你做过房地产经纪人吗？从事过新型网络营销吗？开过餐馆吗？你是不是经营过"为你们而做"的代销店？这样的选择看起来多得不计其数。但是，归根结底，这些商业模式都需要你能为客户创造和交付价值。同时，这类商业模式还会有相应的薪资和交易支出。

例如，假设你开了一家实体门店，需要支付租金并且在固定的地方做生意。在这种情况下，你必须和客户面对面交谈，但只能面向门店所在地区的客户销售，因此客户数量极为有限。此外，管理存货、与供应商合作、聘请员工等都是必要的支出，不论你的销量如何，所有这些都是到期应付的款项。

也许你已决定在网上销售电子商务产品，这听起来真的很不错。但你要意识到，如果你卖出价值10万美元的产品，就必须把所有的成本都考虑进去——制造成本、销售成本、分销成本。这意味着最终落入你口袋里的就只剩下几千美元了。

你可能想要创办一家代理公司，做市场营销或拓展公共关系之类的事情。这很好，但是为别人工作常常犹如坐过山车。有些月份的工作量可能超出你的承受能力，导致你无法完成所有工作；而在另一些月份，你得冥思苦想，该去哪里拉一位客户过来。当你的公司聘请了员工，这个问题的严重性就翻倍了。如果你需要扩大业务规模，就得增加人手；如果没有足够的业务让你承接，你就得裁减员工。这令人非常痛苦。

又或许你把目光投向了软件。软件公司确实能带来广告收入和月度经常性收入，它的利润率也许会非常诱人。但是，你可能看不到与软件开发、许可、分销、广告及客服人员等相关的巨额预付成本，更不用说服务器、数据安全以及其他技术的花费了。

看到所有这些可能性，你一定在想到底有没有哪个选项是你启动创业的最完美选择呢？有没有哪种选择是真正最好的商业模式？对此我想说的是，有一种商业模式超越了其他所有模式，那就是：知识付费。

我相信，对于那些想要立即成功创业的人们来说，这是最实用和最简单的选择。这是我在 the ASK Method® 培训中所教内容的关键点。它比制造那些需要进行生产、进口和运输的实物产品快得多，这是最划算的商业模式。

它几乎没有，甚至完全不存在研发成本，因为你可以自己研发产品，而且不需要投入很多资金。你只需要拥有电子书、一条 YouTube 频道或者一个数字下载入口等。因为专业知识可以作为一种在线产品进行独家销售，所以你也就免除了固定房租和保证库存相关的额外支出。也就是说，没有了可怕的库存管理，自然也不用维护库房了。

净利润怎么样？由于这种企业能够迅速创办，还具有低运营成本的特点，你能立刻获得较高的利润率。

在与实物产品相关的电子商务中，你也许只能从 10 万美元的销售额中赚取几千美元；与之相反，当你在销售专业知识时，这 10 万美元几乎都能进入你的口袋。以下的数据充分说明了这一点：2011 年全球的消费者大约将 356 亿美元花在按照自己的进度制定的数字化学习上；到 2015 年，这个数字约增长了 3.6 倍，达到 1652 亿美元；2022 年，这一数字达到了 2750 亿美元。

如果你对商业模式的选择仍处在观望阶段，我强烈建议你考虑出售专业知识。谈到专业知识的商业模式，对"专业知识"这个词缺乏了解是你必须克服的最常见障碍。根据我的经验，很少有人认为自己是专家。我们往往贬低自己独特的经验和长期积累的知识。我们认为那些经验和知识显而易见，人人都知道。但事实是：并非人人都是专家，都拥有专业知识。

事实上，每个人都有他们可以充分利用的优势。许多人觉得，要想让人们认可自己是"专家"，就必须在某个领域中处于领先地位。其实，有成千上万的人正在苦苦寻求基础的知识和指导，他们并不总是要求你精通某一个领域，你必须改变自己的心态。

想想吧。你很难找到一个没有在网页、浏览器或视频平台上输入过"如何做……"的人。从业余爱好到家庭装修，从实用的健康建议到机械操作指导，全都由生活在信息时代的我们自己寻找答案。

是的，互联网上的很多信息都是免费的，但那些能够将个性融入内容，让自己与众不同，并且为人们提供真正答案或解决方案的人，仍然可以赚到大把钞票。了解如何在拥有大量免费信息的市场上赚钱是明智之举。

在互联网上，雷克斯·凯斯（Lex Case）向园丁传授如何更好地种植有机西红柿；亚历克西斯·费多（Alexis Fedor）向世界各地成千上万的艺术家传授如何将艺术转化成生意；克里斯蒂·肯尼迪（Kristie Kennedy）为家长和小学生制作数字节目，帮助孩子识别、预防校园霸凌，并且在受到欺凌后能更快地恢复正常；罗恩·雷克（Ron Reich）为狗主人提供在线资源，帮助他们训练狗狗自己上厕所。罗恩曾是一名律师，在加州工作了数年，后来意识到，当一名律师并不像他想象的那样使自己感到满足。所以他开始寻找其他东西，一些能给他自由并让他对身边的世界产生影响的东西。罗恩最终进入"训练狗狗如厕"市场，并且创建了一家网站，为"毛孩子"和它们的家长提供服务。

在这里，我想让你明白的是，你不需要拥有某一学科的博士学位，也能为社会做出贡献。或者，你可能已经拥有博士学位，然后决定走另一条全新的职业道路。我有很多客户早年就追求自己的职业，因为他们认为这是他们"理应做的"，他们理应当一名护士、律师，或继承家族企业，但他们成为护士或律师之后，又想知道其他职业是什么样子的。

查理·华莱士（Charlie Wallace）在开办自己的网店时，只会弹吉他。你也许认识几个会弹吉他的人，其中一些人可能弹得不错。如果你渴望学习吉他，会不会考虑向他们中的某个人寻求一些建议呢？答案是肯定的，因为他们能弹，而你不能，他们知道的肯定比你多。查理就利用这个简单的优势，开办了一个网店，专门为客户提供在线吉他教程。他遵循了你将在本书中学到的步骤，人们喜欢他提供的教程。如今，已有超过 20 万名有抱负的吉他手参加他的网上吉他培训。

如果查理当初决定开一家实体店，那么他就不得不租赁授课场所，并为此承担高额的间接成本，而且，他的教程只能面向当地的社区居民。相反，通过高科技的运用，查理适应了纯粹的在线出售专业知识的模式，与线下教授吉他课程相比，他的在线销售不但覆盖了更加广阔的范围，营业收入也比线下授课高出许多。今天，只要他愿意，他已经能够用赚到的钱买一栋楼了。

发掘优势资源：你拥有哪些别人想学的东西？

如果你仍然埋头苦思自己到底有什么样的专业知识可以传授给别人，那就想一想，你是否掌握一些别人想学的东西？当我在网上售卖用拼字游戏里的字母块制作首饰的操作指南时，我既不是那个发明了拼字游戏字母块的人，也没有制作字母块的机器。我只是从我的妻子那里知道，很多人都在网上花时间学习用拼字游戏的字母块制作首饰。我知道，如果我能自己学会做，然后把这些技能简化成一个实用的数字化教程，同时做得比竞争对手略好一点，那么我就有可能向客户提供一些他们想要的东西。

回想我在布朗大学读书时，我的主修专业是神经科学，在刚进大学的第一个星期，我完全晕头转向。在我看来，其他同学都比我聪明，不但如此，与我的专业相关的课程还十分密集。仅仅《神经科学导论》这门课就十分难啃，更别提它还是我继续学习主修专业的先决条件，这让我面临着更大的压力。

　　整个第一学期，我都生活在恐惧中。我在图书馆地下室一间有隔音效果、"绝对安静"的房间里完成了那门课的学习，并取得了"A"的成绩。事实上，在那门课的每一次随堂测试中，我的分数从来没有低于 98 分。

　　两年时间飞快地过去了，老师决定让一名学生在《神经科学导论》课上讲授一节课。前提条件是，这名学生的成绩必须进入班级排名的前 3%。因为我一直在拼命学习这门课，所以轻而易举就跻身了候选人之列。但讲课完全是另一回事，我根本不够格。如果我讲到一半，有人问我"这是什么意思？"，我该怎么办？虽然我觉得给大家讲课是个很疯狂的想法，但我还是被这个机会吸引了。

　　所以，我欣然接受挑战。经过测试，我被教授选中，负责该年度一部分课程的教授工作。随后，我以前所未有的认真态度做好讲课的准备。虽然我有那个学期的教学计划，我还是想真正地理解我要教给其他同学的东西。我花了无数的时间来复习和熟记课本上的重要概念，上第一节课时，我的感觉非常好。

　　简单的教学实践能够成倍地提升你的专业技能，而且是以你从未想到过的方式来提高的。仅仅是为了使他人更容易理解而将知识和信息浓缩，就是一件有价值的工作。我没有博士或硕士学位，但学生们会来找我，他们告诉我，从我课上学到的东西比从系主任那里学到的更多，因为他讲得太深奥了。

在询问了学生们为什么会有这样的反应后，我发现，对学生们具有很大帮助的并不是我对教材内容的深入了解，而是我的一种能力：我能将知识解构成他们可以理解的形式。我一直在努力学习与这门课有关的学科资料，以便融会贯通。如果你曾经为了学习或者为了做某件事而辛勤付出过，这会让你拥有比别人更突出的优势。专家只不过是一个向其他学习者传授知识的学习者，仅此而已。对四年级的孩子来说，五年级的孩子就是天才。你只需要一直领先一步就可以，不一定要领先几光年。

此外，你也不一定非要晚上睡不着觉，翻来覆去想着如何充分利用你的专业知识。如果你仍不确定自己的能力，可以考虑和你认识的、拥有一定专业知识并且愿意与人分享的人合作。他们能教你什么？他们愿意跟你团结在一起吗？也许他们恰好能和你互补呢。就商业模式进行一次头脑风暴，集思广益意味着使这种模式为你所用。

事实上，如果你已经使用其他商业模式创办了现有的企业，那么销售专业知识更可以提升你现有的产品或服务。实体文具店可以开办工作坊，介绍提高产出效率的技巧或者教授人们如何进行组织规划。销售健身产品的电子商务网站可以提供在线的马拉松训练课程。生产健康和保健应用软件的软件公司可以通过智能手机提供实时的咨询服务。号称"为你量身打造的"社交媒体代理商可以销售自助式的社交媒体在线课程和研讨内容。

这里的选择是无穷无尽的，我们将在下一章开始为产生更多创意而进行头脑风暴。出于这个目的，让我们假设你推出的是一种销售专业知识的商业模式，或者至少通过销售专业知识来扩展当前的其他商业模式。接下来的问题是：你打算怎样销售你的产品？

4 种产品类别为你定位知识爆品

谈到知识付费，我们可以探索的产品类别有 4 种。根据你创办企业的目标，甚至是你的个性类型，你可以发现其中一种或几种适合你的类别，我已经把它们分解到我命名的 Product Grid™ 产品网格中了（见图 1–1）。

产品聚焦：稳定扩大规模，影响更多人

从字面来看，产品聚焦要求你专注于自己的专业知识生产。

1. 产品聚焦	2. 客户聚焦
稳定性 • 数字课程 • 电子书 • 实物书籍 双内向	定制化服务 • 私人咨询 • 顾问团 • 团体辅导 单外向
3. 会员聚焦	4. 活动聚焦
连续性 • 会员网站 • 在线社区 • 社群运营 单内向	集中性 • 研讨会 • 训练营 • 现场活动 • 直播 双外向

图 1-1　产品网格

"产品"可以是实体的，如一本书，但在当今这个时代，它通常是数字化的，如电子书或在线课程。这一切都是为了实现规模化，如果你想接触和影响尽可能多的人，以产品聚焦作为你的商业模式将是理想的选择。但这个选择的不足之处在于，你不是以一种具备深度和广度的形式与某个人面对面地谈话。你提供的服务可能被世界各地的客户使用。举例来讲，就像这本书一样。

产品聚焦为你提供了稳定性，通过抓住商机产生连续不断的营业收入。如果你提供的是数字课程之类可以每天销售的产品，那么你将得到稳定的收入和稳定的销售额，从而将其作为你的企业赖以生存的基础。

我们提供关于照料兰花的实物书、电子书和在线数字课程。这些都是可以持续产生收入的，而且，在最初的内容生成之后，你完全可以放手不必再管理它了。此外，产品聚焦这一象限也可以作为进入产品网格中的其他象限的入口。

客户聚焦：定制化咨询服务，建立深入联系

顾名思义，客户聚焦的关注点是客户。这个选项的内容包括私人咨询、顾问团服务，以及团体辅导。与产品聚焦的象限相比，这个象限通常能够让你一次服务小部分客户，但你是在以一种亲密、深入的方式与他们合作。

客户聚焦的一个最大优点在于，你可以直接且深入地影响客户的生活或者生意。这通常是试验新项目、尝试新创意和形成新的案例研究的最佳方法，然后，你可以使用这些案例来为你的营销提供证据支持和成功经验。

　　我的培训业务既符合产品聚焦，也符合客户聚焦。我们提供实物书、数字课程和在线大师课程，但也有一个业务指导项目以及一个高级顾问团。虽然这 2 个象限之间有着天壤之别，并且可以顺利地独立存在，但我们也能很容易地将它们结合起来。

会员聚焦：产生持续性收入的社群运营

　　会员聚焦是指建立一个由一群人组成的社区，通常是在线社区，如会员网站和在线网络群组等，其目的是产生持续性收入。商会就是一个很好的例子。在世界各地区、州郡、城市和乡村的分会里，有超过 600 万户的小企业主向商会缴纳月度或年度会员费。缴纳会费之后，他们就可以加入由另一些志同道合的人组成的社区。这里所谓的志同道合，也就是与你目标和志向相似或一致的小企业主。

　　我说过，通过产品聚焦可以日复一日地产生新的销售量，可以实现收入稳定，但是产品聚焦只需要生产一件产品就能反复产生销售收入。如果你创建了一个在线会员网站，该网站需要网民注册会员资格后按月支付会员费才能登录，那么人们注册后就会持续支付费用。由于你现在拥有了一个受众群体，因此可以建立一个社区，向这群人介绍新产品或者新的客户聚焦机会。

活动聚焦：直播、训练营、研讨会……集中客户注意力

第四象限，也是最后一个象限，是活动聚焦。这方面的例子包括研讨会、训练营或者现场直播活动，可以是任何集中举办的活动。在这些活动中，人们会聚集到某个地方，而且活动从开始到结束只持续较短的时间。

最后这个选项可以有效地帮助你集中客户的注意力。要想让你的整个社区，也就是你所服务的客户群体，都专注于一件事，再没有比举办一场活动更好的办法了。活动可以是一场实际的、面对面的聚会，也可以是一场虚拟的在线峰会。关键是，这是一场由你掌舵的、志同道合者的聚会。无论你销售的是什么样的专业技能，它们都将是活动的中心。这是集中所有客户精力的最好方法。

观察产品网格上的 4 个象限，你会发现，每个象限都代表了内向性格或外向性格的不同程度。外向的人通常指的是乐观和善于表达的人，他们可以从周围的人身上，以及与他人的互动中"充电"并获得能量。内向的人往往更加害羞沉默，尤其是在一大群人面前，他们会通过独处来"充电"并获得能量。

总的来说，我们当中很少有人是极端内向或极端外向的，大多数人介于这两者之间。虽然我们每个人都可以在不同时间表现出内

向和外向性格，但通常更倾向处于其中一种状态。你从生意中获得的满足感、幸福感和快乐，在很大程度上取决于你能够确保自己创办的企业与自己的性格相符。

如果你是一个内向的人，喜欢独处，正在创建一家需要你每天面对成千上万人的企业，你会从这家企业中获得满足感和成就感吗？不太可能会的。同样的道理，如果你的性格更加外向，而你却在家办公，独自呆坐在电脑屏幕前，那你这时也许会渴望更多的人际交往和互动。

如果你非常内向，我称之为"双内向"，可以考虑创办一家以产品为中心的企业。假如你喜欢创造些什么，然后躲到幕后去管理它，不必每天都在受众面前亮相，那么这就是一条理想的途径。

如果你并不是特别内向，我称之为"单内向"，可以着重关注以会员为中心的象限。你基本上可以关起门来工作，通过留言板、论坛或者社交网站的群组与人们进行数字化的互动。采用这些方式，你就不必亲自去见别人或者打电话了。在我们的公司中，"反直觉询问法学院"的会员与社区就完全符合这个象限。

如果你属于性格外向的人，我称之为"单外向"，那么，以客户为中心的公司可能更适合你。这个选择适合那些喜欢花大量时间与客户打交道的人们。你和别人一同工作的时候，通常是通过电话、Skype 会议或 Zoom 软件等方式来沟通，所以，这需要你充分利用自己性格外向的一面。

最后，正如你能想象的那样，举办活动意味着你必须成为最外向的自己，我称之为"双外向"。使你的公司采纳活动聚焦模式，意味着你通常要么在受众面前演讲，要么管理活动、在会议室内开会、回答他人的问题、让人们感到舒适并且觉得有人在听他们说话。

在反直觉询问法公司（The ASK Method Company），我们的年度活动和会议将来自世界各地的成千上万读者和志趣相投的创业者以及有抱负的创业家聚集在一起，让他们面对面地交流、沟通。对于我和我所扮演的角色来讲，这意味着我有机会做任何事情：从站在讲台上教学，到坐下来与一些读者见面。我非常喜欢这样的角色，但是，一天到晚这样，当然需要你具备双外向性格！你觉得哪个象限最匹配你的性格？

就我们刚刚讨论的 4 个象限来说，当你开始构建自己的公司时，你明白各个象限之间是如何互动的吗？这就像一顿可以照菜单点菜的大餐。为满足人们对你销售的产品或服务的需求，你的公司可以提供定制服务。你可以使你的公司与你的产品、性格、生活方式或者你的能力相匹配。如果能同时具备所有这些方面也是可以的。如果你在两个或更多的象限之间左右为难，总是可以选择一个主象限来创业，然后随着时间的推移再扩展到其他象限。我就是这么做的。问题是：哪个象限对你来说最重要？或者说，考虑到你的能力和技能，哪一个象限才是可行的？

你的答案不需要在这一刻就确定下来。你只需要思考各种可能性，想象你的企业可能会是什么样子、会有什么样的感觉。在这个思考环节，你必须做的主要是确保所有基础工作能够共同构筑一个牢固的创业基石，这往往需要一定的灵活性。

这一环节将帮助你确定最终目标，然后了解为了实现这个目标，你需要做出怎样的决定。当我们完成接下来的两个步骤之后，请放轻松一些，再回到这个环节，重新进行一番评估。整个头脑风暴过程都是有价值的，其中一个重要部分就是这种灵活性。

🐾 "商业模式头脑风暴工作表"包含了我们刚刚介绍的产品网格，列出了可能与你的具体情况或专业知识相匹配的各种模式。你可以随心所欲地查阅该表，做到"温故而知新"，也可以利用它来帮助你勾勒出公司的轮廓，或者只是用它做一些简单的笔记。为了方便你使用，这张工作表将与所有其他附加资源一同列在本书后面。

让价格飙升 100 倍的产品跃迁模式

我坚信必须先有目标，然后才有行动，所以，在我们进入下一个头脑风暴步骤之前，我想分享一个有用的理念，在我的客户选择了各自的市场之后，我就用这个理念来指导他们。它是一个渐进的框架，我称它为 IN/UP/MAX（见图 1-2）。下面来做详细介绍：

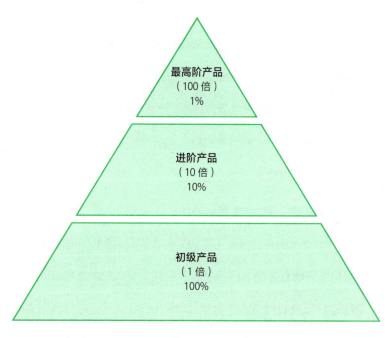

图 1-2　IN/UP/MAX 框架

你在创办公司时，目标通常是通过销售低门槛和低价格的产品来面向所有目标消费者，引导客户进入你的业务生态系统。这就是你的 IN，也称为"初级产品"。

一旦向客户介绍了你的公司或品牌，你就可以开始以更高价格提供更优质的产品了，其价格大约是初级产品的 10 倍。这就是你的 UP，也可以称为"进阶产品"。一般来说，尽管 100% 的客户会购买你的初级产品，却只有 10% 的客户会购买你的进阶产品。

最后，还有一类客户愿意为你的产品或服务支付最高价。虽然他们在你的总客户群中只有 1% 左右的占比，但正是在这样的客户群中，你才能够以初级产品近 100 倍的价格来销售我所说的"最高阶产品"，也就是 MAX。

不同市场的价格水平各不相同。让我举一个具体的例子，以帮助你思考如何在企业的运营中利用好各种不同价格。

在兰花市场上，你的初级产品（IN）可以是一本售价 20 美元，可下载的电子书，它将告诉你的顾客如何照料兰花。而你的进阶产品（UP）可以是一门 200 美元的数字课程，它不仅向客户演示应该如何照料兰花，而且还会教客户如何在当地花店挑选到好兰花，接着指导他们如何正确地将兰花栽种到花盆中，或种在花园里。而你的最高阶产品（MAX）则可能是一套售价 2000 美元的温室套件。

在企业对企业的实际咨询业务中，你的初级产品可以是一门售价 100 美元的数字课程；进阶产品可以是价格为 1000 美元的半天咨询课程；最高阶产品则可以是金额达到 10000 美元的预付款或一年期的合同。

所有这一切都意味着，如果你在阅读本书的过程中发现自己越来越接近正确市场，你就可以同时开始考虑你的初级产品、进阶产品和最高阶产品。业务发展通常从提供初级产品开始，事先把前进的道路记在心里，很有帮助，当你最终选择好自己的市场时，你已经知道自己的进阶产品和最高阶产品可能是什么了。

现在，是时候进行头脑风暴的第二步了，也就是对你的市场进行头脑风暴。

在这里，我将分享一些与利基市场有关，并且能够产生利润的个人心得，这些都是我整理出来的、经过多年实践检验的干货。与此同时，我还将提供实用的指导，来帮助你确定哪个市场与你的兴趣爱好最相符，并且与我们所说的创业者类型匹配。

了解你的创业倾向将保证你的商业选择发挥出你自己与生俱来的优势，让你将时间和精力投入正确的方向，创建一家让你自己喜欢，也令他人满意的企业。当你把自身的创业优势与正确的市场和正确的商业创意结合起来时，你不仅会得到最好的成功机会，还最有可能开创自己热爱的事业。

第 **2** 步

市场头脑风暴：
锁定年入百万的"吸粉"方向

准备好开启快乐创富之旅了吗？接下来，我们要充分调动你的激情、技能和专业知识，然后利用它们来开拓你想要着重关注的市场。你会选择什么市场？这是一个价值 100 万美元的问题，也有 100 万种回答。我们首先要从你这里开始。当你寻求这个问题的答案时，从你自身开始才是最合乎逻辑的方式。将来经营企业的是你，事先考虑你的优势和才能，并不是自私的举动，而是明智的做法。

你属于哪种创业者类型？

多年来我有幸指导过数以千万的创业者，通过调研与实践，我发现创业者可以分为 4 种类型（见图 2-1）。

使命型	激情型
• 被召唤去追求某个特定的使命 • 是哪怕需要"誓死捍卫"也在所不惜的原因 • 强大的道德力量 • 远离消极的东西 • 造就积极的影响	• 你喜欢的事情 • 深深的兴趣 • 你想和全世界分享 • 朝着积极的方向前进 • 你感到兴奋的东西
机会型	犹豫不决型
• 受到成长的激励 • 找到并追随新的创意 • 看到未满足的需求所蕴藏的潜力 • 被未解决的问题所吸引 • 解决某个实际问题	• 知道你想创办一家企业 • 不确定这个企业会是什么 • 对创意和选择的方向保持开放 • 对路径不确定 • 想要进行"商业实践"

图 2-1　4 种类型的创业者

使命型：成功完成使命，金钱会随之而来

使命型创业者有其明确和具体的使命，他们觉得必须去追求这样的目标；他们的事业是他们"誓死捍卫"的人生理想和目标，因此他们的生活以这样的事业为中心。使命型创业者看到了这个世界的某些错误，想要纠正它们。可以肯定的是，这些创业者大多具有很强的道德力量，或者至少拥有一种能够贡献社会价值的愿景，这

种愿景通常以解决社会问题或者实现社会变革为核心。他们认为使命比金钱更重要，完成好使命，金钱就会随之而来。

克里斯蒂·肯尼迪（Kristi Kennedy）是一位有着 5 个孩子的单亲妈妈，她的孩子如今都已长大成人，但每个孩子在年少时都遭受过欺凌和虐待，尤其是她患有严重孤独症的儿子。有一天，当她知道一件非常令人愤怒的霸凌事件发生在儿子身上时，她终于忍无可忍了。她不想再袖手旁观，她决定为遭遇同类事件的孩子们做些什么。

克里斯蒂发起了一项防止霸凌的项目。开始时，她举办了一场名为"蜜蜂友好训练营™"（Bee Friendly Boot Camp™）的校园旅行大会，旨在传授价值观和归属感，并培养集体荣誉感、善意和个性的文化。

十年后，克丽丝蒂仍然是"蜜蜂友好训练营™"的掌门人，如今公司提供全年的数字课程，还有在卡片上面写鼓励话语的"蜜蜂肯定卡片"等实体产品，以及一个针对有特殊需要的学生所展开的一对一的"蜜蜂伙伴"帮扶项目。一项始于责任感的使命，已经发展壮大为一项服务于数百所学校和数千名儿童的事业。

你对某件事有强烈的使命感和目标感吗？你是否觉得有责任去支持某项正义事业？

激情型：充满感染力的激情，是提高客户忠诚度的关键

激情型创业者被他们所热爱的话题或事物的激情所驱动，包括从钓鱼到摄影的任何事情。与使命型创业者心怀使命去纠正这个世界上的错误不同，激情型创业者想与全世界分享他们的激情，并将其转化为事业。使命型创业者的目的是让人们远离消极的东西，激情型创业者的目的则是让人们拥抱积极的东西。

我第一次见到查理·华莱士时，他拖欠了几千美元的房租，睡在一张可以折叠的破沙发上。尽管他是一位极具天赋的吉他手，和乐队一起举行全球巡演，但演出并没有给他带来太多收入，他只能勉强维持收支平衡。他不得不放下吉他，去找一份"真正"的工作，但他也总梦想着有朝一日能够充分利用他对音乐的激情。

他知道整个世界正在转向互联网，利用互联网将是他接触外界最划算的方式，于是他告诉乐队，他打算开发在线吉他课程，在网上教人弹吉他。他投入大量时间和资源创建网站，www.guitarmasterymethod.com 应运而生。他的教学为客户带来了实实在在的效果，客户也提供了大量反馈。在网上挣到钱后，他做的第一件事就是给自己买了张床。

激情是有感染力的，是提高客户忠诚度的关键因素。查理对吉

他的激情使他与众不同，让客户与他的品牌产生了情感上的联系。他们相信他真的"感染"了他们。在创业短短一年后，他就购买了梦想中的房子，还专门创建了一间音乐工作室。他白手起家，不到30岁就成了百万富翁。

如今，他每年能挣到7位数的收入，成千上万的吉他手使用"吉他精通法"这一产品，该产品提供在线吉他课程大纲、一对一的团队支持、利用私人脸书群组成的会员制社区，以及一个VIP俱乐部，该俱乐部的成员每月可以上一堂查理的直播课。

你对什么充满激情？你想在生活中看到的或者与世界分享的是什么东西，或者什么样的结果？如果你着眼于充分利用自己对某件事物的浓厚兴趣，并与全世界分享这种兴趣，接着以这种方式创办一家企业，那么，你就是激情型的创业者。

机会型：看到市场中未被满足的潜在需求

机会型创业者是那种发现和追逐某个新的商机，并且进入某个增长领域的人。他们通常会想，为什么没有人去解决这个问题？与使命型创业者被某种让他们"誓死捍卫"也在所不惜的使命所吸引一样，或者与那些受到吸引而投身变革，将生活激情融入他们的事业的激情型创业者一样，机会型创业者也有着很强的动力，想去解决某个实际问题。他们偶然间发现，这个问题代表着市场中一种未满足的需要。

达娜·奥贝尔曼（Dana Obleman）刚刚当上妈妈时，她的孩子整夜都难以安然入睡。家有孩子的人们都可以证明，睡眠不足会给家里每个成员带来难以形容的挫败感、毁灭感甚至幻觉，无论是妈妈、爸爸、兄弟姐妹还是宠物。此外，父母之所以经常产生失败感，原因在于他们总是以为"婴儿应该多睡"，因此才有了"像婴儿一样沉沉睡去"的说法。

达娜想方设法解决了儿子夜间的睡眠问题，使其能够连续睡 8 个小时。此后，她和丈夫迈克创建了睡眠感知网站（Sleep Sense），以确保每一位在不眠之夜挣扎的父母都能获得他们所需的帮助。这对夫妻通过制作可以下载的电子书，分享了一些为某个年龄段的婴儿量身定制的入眠步骤，还提供了一段为期 14 天的视频培训课程，由达娜深入浅出地讲授，父母面对不肯入睡的婴儿时该"怎么办"。最近，这对夫妻采取了分级会员制，为高端会员提供了大量额外的睡眠相关信息。

如今，经过十多年的发展，"睡眠感知"势头强劲，为超过 7.9

万名家长提供服务。美联社、《早安美国》、《华盛顿邮报》、《赫芬顿邮报》等国家级媒体对该项目作了专题报道。这一切都是因为达娜解决了孩子夜晚难以安睡这一问题后，发现了一个为遭遇类似困境的父母提供帮助的机会。你的身边有什么机会？你是否已经确定自己可以提供解决方案？如果是这样，你就是机会型创业者。

犹豫不决型：建立创意资源库

最后一类创业者是犹豫不决的创业者，对于能够决定创业类型的大多数事情他们都不确定。他们可能不清楚自己是哪种类型的创业者，不知道自己是否怀有值得追求、具有实用价值的使命或激情，或者不确定自己是否该抓住某个值得投身的创业机会。其实，我以前就是犹豫不决的创业者，这恰好描述了我辞去上海的工作、搬到香港和妻子泰勒妮团聚后的情形。

妻子的博士课程结束之后我们可能会回到美国，我不想再到另一家公司工作了，于是决定自己创业。我正在埋头研究各种市场的创业机会时，妻子顺口提到，她在 Etsy 上看到有人销售用 Scrabble® 拼贴块制作的首饰。要把拼贴块做成首饰，首先要进行大量的折纸设计，可以无穷无尽地展现你的个性。

生活在中国，意味着我们很容易获得两样东西：一是大量的折纸；二是充足的劳动力。我和泰勒妮立刻像陀螺那样转了起来。我们购买了所需的材料，雇人制作 Scrabble® 拼贴首饰，然后放到网上销售，赚到了足够的利润。但归根结底，我不想把我们绑在工厂里。我想建立一家不受地理位置约束的企业，一家可以让我们自由旅行的公司，一家能使我们在世界任何地方生活的公司。于是，在中国开 Scrabble® 拼贴首饰工厂的创意正式宣告失败。

三个星期后，泰勒妮又提起这件事。

"我们是不是应该关闭这家公司？"我问。

泰勒妮说："不，我偶然发现了别的东西。有个女人，她不是在卖首饰，而是在教别人怎样制作首饰。"

我看了看，果然，那位女士正在卖一本操作手册，专门教人制作个性化的 Scrabble® 拼贴块项链。我买了这本手册，惊讶地发现，它的质量十分低劣。操作手册中出现了拼字错误，照片也模糊不清，所有这些都表明整份手册的质量很差。操作手册每次下载收费30美元，尽管这不是什么大数目，但她这无异于在抢别人的钱！包括我！然而，人们还是在购买她的产品。

在 Etsy 网站上，可以看到卖家的销售量，我们发现，这位女士平均每天的销售量在 10 本到 15 本之间。我很快算出来：她靠在网上销售一份蹩脚的 PDF 文档，每天能赚 300 美元，或者说，一个月就能赚将近 10000 美元。

"好吧，泰勒妮，"我带着既坚定又挫败的心情说，"让我们也来试一试吧。"

我做过几次首饰，所以能够清楚地告诉别人怎么做。换句话讲，如果把客户比作四年级学生，那我也就只是一个五年级学生。我只是想教他们怎么做。接着，妻子将首饰制作过程的每个阶段都拍了照片，并把它们整理成一份专业的用户友好型下载资源。

事实上，我对最终产品非常自豪，它肯定比我看过的那位女士的更好一些。我们开始销售这个产品，在几个星期内，这件产品就为我们带来了几千美元的月收入。在它卖得最好的时期里，我们每月可以赚到近 10000 美元。然而，流行的风潮就是那样，等到用 Scrabble® 拼贴块做首饰的热潮结束之后，我们的收入蒸发的速度和开始膨胀的时候一样迅速。

犹豫不决的创业者并不少见。事实上，他们可能是首次创业者中最常见的类型。新的努力会带来不确定性，任何决定去探索全新世界的人们，并不知道他们正在进入什么样的市场，也不知道这个市场会给他们带来什么。在如此多的未知面前，人们怎么才能为自己的成功寻找最好的机会呢？

如果你现在感到犹豫不决，而且也没有将自己与其他三种类型的创业者真正联系起来，那就不要让你内心的犹豫阻止你继续头脑风暴的进程。随着时间的推移，你会看得越发清晰。也许再问几个问题就行了。

你天生擅长什么？人们经常向你寻求什么样的帮助？也许是与手工有关的事情，或者是点缀蛋糕，或者是绘画临摹，又或者是化妆建议。什么是你觉得容易而别人觉得困难的事情？你过去在这方面取得过成功吗？

你有什么专长？我知道，你可能认为自己没有。所以，让我们重新提出这个问题：你具备哪些资质？你做过什么工作？你研究和学习过什么东西？如果我告诉你，你只有十分钟的时间来准备，你能教别人什么东西？你喜欢为什么人服务？有没有某个特定群体或某种挑战吸引着你？也许你能与那些有着特殊个性、特定财务状况或者来自特定地理区域的人们产生共鸣，他们需要什么服务？

把你的答案列在清单上，这样可以激发思维活力、拓展想象力，并帮助你更好地组织和管理创意。

在你思考所有这些问题的时候，使用文末附加资源中的"市场头脑风暴工作表"可以事半功倍。读这一章时，你可以在这张工作表上做笔记。它是让你开始思考自己想要着重关注的市场的起点。记住，这是"头脑风暴"，其中不存在"坏"主意。你只需要把所有的创意都写下来即可，不用太担心内容，我将在这个过程中指导你完成另外一个步骤，以帮助你完成筛选。现在，你要做的就是在这一过程中尽可能多地写下你的创意。

年入百万的市场可能在清单第 57 页

你永远不知道什么时候会有好的创意从脑海中冒出。根据我的经验来看，我的灵感一般在半夜，或者在跑步、开车送孩子上学，甚至洗热水澡的时候出现。

还记得那天是凌晨 3 点，我辗转反侧，在盆栽市场和兰花市场之间犹豫不定、难以抉择。

当时，我对这两种业务几乎一无所知，但是，在 Scrabble® 拼贴块首饰业务上取得小小成功之后的几个月里，我做了大量的研究。这项业务既是我创业的动力，也是我焦虑的原因。经过思考，我列

36

出了几十个可以尝试的利基市场，盆栽市场和兰花照料都在其中。

让我暂时回顾一下过去，这样你就能明白头脑风暴有多么普通，一旦你了解了这个过程，就会发现好的创意就是不经意间冒出来的。

还记得我住在上海的时候，有一天坐在 23 楼的公寓里，盯着窗外的薄雾。我试着对可能的市场创意进行头脑风暴，并且寻找身边一些能让我迸发出灵感的东西。我把目光从雾中移开，转到客厅的墙上，再转到挂在客厅墙上的相框上，再继续移到角落里扶手椅的枕头上，最后移到餐桌上的一盆兰花上。

尽管泰勒妮和我尽了最大的努力，我们还是总把兰花养死。我们都很喜欢兰花，但是它们却很脆弱，或者说，可能正是因为它们的脆弱，每当有一盆花被我们养死了，我们都会再买一盆。看到桌上的兰花，我不禁想知道，有没有一个让它存活下去的秘诀，然后，我发现自己把"照料兰花"加入了市场选择清单。

就是这样，我不过环顾了一下我的公寓，看到了桌上那盆兰花，就选择了"照料兰花"这个市场。

这不算一个灵光乍现的时刻，更重要的是，我并没有因为这是一个非常棒的创意，或者说产生了一种已经找到了通往未来的钥匙的感觉而停止头脑风暴。在我和妻子搬回美国之前，我甚至没有再看一眼这份清单。那时，照料兰花被埋没在无数张潜在市场创意的策划书之中，排到了第 57 页。等到我已经掌握了一些策略，并且更好地了解到在利基市场取得成功需要做些什么时，盆栽和照料兰花市场上升到清单前两位。

但我依然犹豫不决，这就好比有人在问我晚餐是想吃汉堡还是面条。如果我连汉堡或面条到底是什么东西都不知道，又怎么知道答案呢？创业必须成功的压力几乎让人瘫倒在地。时间、金钱、尊严，其中有很多需要考虑的问题，我只有一次机会来选择。

在一个猛然醒来时的深夜，我转变了自己的心态：如果我把这当成我的一次练习呢？如果我选择了其中一个市场，然后全力以赴投入这项事业，只不过特意用它来找出创业的症结所在，结果又会怎么样？假如一切顺利，我还能赚到钱，那就太棒了；倘若事情进展得不顺利，我没能取得任何成就，那我也会在创业之旅上学到很多东西。无论我在这上面投入了多少金钱，我都会把它当作"学费"。毕竟，我要么花 25 万美元去攻读工商管理硕士（MBA），要么将其中的一小部分用来启动这个项目，如此一来，我完全可能在创业过程中学到同样多的东西，甚至更多。

这样的想法减轻了我必须把事情做好的压力，正是这种回旋空间让我能够马上开始行动。到第二天早上太阳升起的时候，我已经选择了照料兰花作为我的创业练习，目标是学习、提高创业能力，并且取得比 Scrabble® 拼贴首饰业务更好的业绩。事实证明，照料兰花这项"创业练习"在最初的 18 个月里创造了每月 2.5 万美元的收入，最终为我带来 50 万美元的年收入，让我这个出生于蓝领工人家庭的孩子实现了从未梦想过的财务自由。在很多方面，单是经验积累的价值就翻了 4 倍。我利用在第一轮创业中学到的知识进入了许多市场。

没有人会把法拉利的钥匙交给驾校的学员。年轻人需要经历多年的创业练习和尝试，才能做好准备，驾驶他们梦想中的汽车上路。他们在刚开始练习时，应当找辆破旧的二手车来练手，而且，这辆车不能是被他们当成心头宝贝倍加珍惜的车。一般来说，在商业中从一开始就对某个话题或事物保持冷静，可能会使你对整个创业过程充满激情。

今天，我作为反直觉询问法公司的首席执行官，为全世界的创业者提供服务，但这并不是我创办的第一家公司或者进入的第一个市场。就像在棒球场上，我希望你能在对方抛出第一个球时就将球打出去，我也希望，你选择了完美的利基市场，它能够与你所具备的优势相匹配，并且能让你生产出值得信赖的产品，让你获得内心渴望的所有经济收益。

为了帮助你实现目标，我会向你介绍我所有的工具。但是，万一没能实现这个目标，你也要知道，这是正常的。正如我在自己的故事中所思考的那样，失败也是一个重要的结果，卸下包袱，不要以为你必须将所有事情都考虑得一清二楚。等到你真正放松了，就能看到事情会变得多么容易。

🎯 "市场头脑风暴工作表"展示了我们刚才讨论的内容。在这份表格中，你会发现一些简短但准确的描述，它们描述了四种类型的创业者，可能有助于你更加确定自己属于哪种类型；同时，这张表格展示了一些有针对性的问题，它们将帮助你进一步掌握自己的优势，看看这些优势是否与你的创业者类型匹配。

第 3 步

商业创意头脑风暴：
输出价值清单

第一阶段的要点，也是进入第 3 步时要记住的最关键的一点，就是头脑风暴。拥抱头脑风暴的过程有利于你抓住各种可能出现的机会。但当你的创意被过滤掉或遭到批评的时候，不要太过担心。这就好比尽可能多地往墙上扔东西，看看哪一件能粘住一样。在头脑风暴阶段，没有坏主意，只有好创意。

既然你已经对潜在的市场进行了头脑风暴，现在，是时候着手处理商业创意了。也就是说，你能在你的市场中创造什么样的业务？如果你还不能确定，我将向你介绍一些概念，帮助你看得更加清楚。

根据我们在第 2 步中提到过的练习、问题和例子，你可以提出一些商业创意，它们都与你热爱的领域或你的技能及专长相关。也许你意识到你的朋友总是请你帮他们建立网站，提供商业建议，或者打听你掌握的一份饼干制作方法；也许你发现自己对帮助初为人母的妈妈、即将进入大学的年轻人、想要转而采用有机耕作方式的农民充满热情。这些都是隐藏着的线索，它们有助于你确定自己的商业创意。

将创意形成关键短语，越具体越好

现在，我们要将你收集到的信息和已经做过的战略性思考带入更深的层次。欢迎你了解关键短语（Keyword Phrases）这一概念。你可能会说，你知道什么是关键词和关键短语，但在选择市场时，关键短语有着非常具体的含义，是整个头脑风暴过程的基础。关键短语不仅是头脑风暴后的内容输出，也将为你的商业理念进行简洁的总结。

你的关键短语可能是别人对你所做之事的描述，也可能是你提供给客户的核心内容。比如，你的商业创意也许是帮助人们照料他们的兰花、向业余吉他手传授吉他基础知识、经营一家狗狗托管中心，或者是帮助人们提高记忆力。记住，创意越具体越好。

关键短语是测试阶段的关键部分，它将最终帮助你确定哪个创意会为你即将启动的航船提供又深又急的河流，发现哪些创意水流平缓，毫无波澜，无法获得任何真正动力。

花点时间考虑，用尽可能多的关键短语来表述你的商业创意是一种良好的策略，其目的在于过滤掉多余的创意，然后继续前进，选出排在前三名至前五名的候选创意。

让我们进行头脑风暴，挖掘出潜在的商业创意吧！比如，如果你在关注"公众演讲"这一市场，那么可以制作一个关键短语列表，从"如何在公共场合演讲"到由这个主题变化出来的其他形式，将相关表达排列出来，如"表达技巧"和"发表演讲"，甚至更具体的"初学者演讲技巧"。

如果你一时想不出关键短语，那么激发更多创意的一个简单办法是先将关键短语输入浏览器进行搜索，然后向下滚动，查看页面底部的"相关搜索"，你会看到一个列举了其他相关关键短语的列表（见图 3-1）。根据浏览器搜索"公众演讲"的结果，你还可以将"演讲技巧"和"演讲技能"添加到可能的关键短语列表中。

此外，你还可以使用在线同义词库进行相同的操作，以便获得关于演讲的各种潜在关键短语（见图 3-2）。这一次，"公开演讲"的同义词，可能让你想到在关键短语列表中添加"措辞"（diction）、

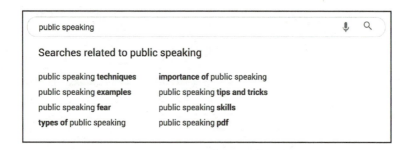

图 3-1　如何获得关键短语（1）

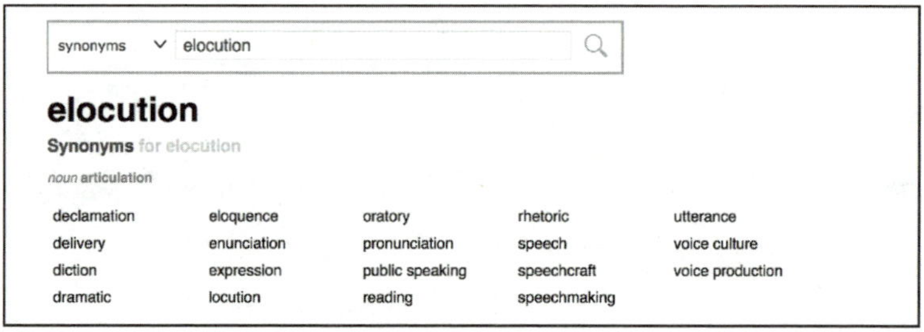

图 3-2　如何获得关键短语（2）

"发声"（voice production）和"演说技巧"（speechcraft）。

等到你的手中形成了一张全面的关键短语列表后，你还需要再完成一个步骤。这件事看似简单，但会对接下来发生的每件事产生重大影响。这个步骤就是：查看列表中的每个关键短语，并将其转换成"我想……"的表达方式。

要完成这个转换，你可以说出"我想帮助人们……"这样的句子。

下面这些例子展示了创业者如何发表"我想帮助人们……"这一宣言：

"我想帮助人们布置他们的房子。"

"我想帮助人们制作更好的脸书广告。"

"我想帮助人们改善他们与青春期孩子的关系。"

"我想帮助人们找份工作。"

"我想帮助人们画出他们的第一幅水彩画。"

写在"我想帮助人们"后面的所有内容，都将成为你的关键短语，在测试中你将用到它们。

在有关兰花的生意中，我在"我想……"中所填充的宣言是这样的："我想帮助人们照料兰花。"所以，我的关键短语是"照料兰花"。而对于我的"火箭记忆 ™"（RocketMemory™）这一产品，我所填充的"我想……"宣言是："我想帮助人们提高记忆力。"那么，被我带入测试阶段的关键短语是什么呢？你猜对了，就是"提高记忆力"。

你会注意到，我们不是说"帮助人们种植兰花"，而是说"帮助人们照料他们的兰花"。不是说"帮助人们记忆",而是说"帮助人们提高记忆力"。关键的要点是:既要有概括性,又要有针对性。在你围绕"我想……"进行头脑风暴时,把这一点牢牢记在心里,它也将在接下来的过程中发挥作用。

1 张工作表 + 2 个问题,明确最有价值的创意

现在,轮到你了。

为了帮助你,我整理出了一份"商业创意头脑风暴工作表",你可以将自己的潜在商业创意填在里面。

这份工作表首先要求你补充完整"我想帮助人们……"的句子,你可以在左侧列出你的关键词。工作表的右侧是我们在市场头脑风暴步骤中阐述过的使命型、激情型、机会型等不同创业者类型的判断标准。另外还有一些与你的才能、专业知识和手下员工相关的其他内容,每一个元素都将帮助你思考某个商业创意怎样才能与以上那些条件相协调。

如果你的创意是"我想帮助人们自己动手酿造啤酒",你不仅需要勾选"激情""天赋""专业知识",还需要勾选"人员"。

对于"我想帮助人们从中风中恢复健康"这一创意，你可以勾选"使命"、"激情"和"人员"这三个方框。

对于"我想帮助人们在他们的后院养蜜蜂"这一创意，你可以勾选"天赋"和"专长"这两个方框。

有点不知所云吧？这个时候，不要担心对你的创意进行评估或批评，只需在工作表上记下它们。然后，在与该创意相关的首选项上打一个钩，到了最后再汇总这些打钩标记。当然，这么做的目的是选择一个得分最高的商业创意——只要你在工作表上勾选了与各个创意相关的方框，就可以辨别哪个创意被勾选的次数最多，从而比其他创意更具重要性。

抛开勾选了的方框不谈，如果你仍然不确定是否需要进一步思考某个商业创意，还可以问自己另外两个问题。

第一，它与你的性格相符吗？这个创意让你推出的品牌或信息是否会与你的个性和个人风格相一致？你的创意是否会成为有争议的项目，需要你抛出自己的信念接受别人的质疑，同时你也要不断地质疑别人的观点？你是不是在寻找那些要求你分享个人生活中你可能不愿意与公众分享的东西？这些都是你要思考的事情，它们关乎你的商业创意是否能够与你的个性产生共鸣。

第二，你是否愿意在未来 5 年内持续做这件事？为了回答这个问题，一个很好的方法是展望未来，不仅要看看自己在今天或者下个月做些什么，也要看看在未来 5 年里可能对某个创意产生多么浓厚的兴趣、投入的程度有多大。如果一想到要在接下来的 1800 天里做的事情就让你感到痛苦，那么可以肯定地说，该创意不适合你。

让我们在这里暂停一下。在下一个阶段，你要将前三个商业创意关键短语带入测试部分。根据上面的实践，你是否已经注意到了这三个创意？如果还有两个创意让你左右为难，那就带 5 个吧。如果创意少于三个，甚至一个都没有，那么我将为你提供帮助。

在几个不同的市场取得成功后，我终于发现了人们在进入任何新市场之前想要寻找的共同标准。于是，经过一番最深入、最严格的研究，我列出了一些只要我有时间我就会进入的，最赚钱的利基市场。

这些市场已经证明了它们自己能够经受时间的考验。多年来，我一直对这份列表严加保密。它代表了我未来 25 年的商业计划，我打算逐一进入这些利基市场。不过，后来我改变了想法。我已投身教育，并服务于世界各地的其他创业者，帮助他们选择正确的市场，创办合适的企业。

每次我重新审视这份自己辛辛苦苦制作的列表时都会发现，即使在这么多年以后，它依然站得住脚。这份列表背后的方法保证了它的有效性，这是你能利用它的原因所在。

在这里，我将首次公布那份列表上的 24 个最赚钱、最具有赢利能力的利基创意。我已经把这些能够赚钱的利基市场放在文末的附加资源中。与此同时，为了激发你的兴趣，让你对这些利基市场有所了解，下面是从我的绝密列表中选出的五大利基市场。现在就来一起来看看吧！

1. 新生儿摄影

2. 超凡冥想

3. 快速阅读

4. 种植蔬菜

5. 倾听的技巧

让我猜猜，你可能不相信，自己刚刚读到的一些东西会被认为是利基市场。我和你一样。或者说，我起初和你的想法是一样的，但是，当我了解到所有这些市场不仅是真实存在的，而且是切实可行的时候，我的想法就与你不一样了。假如你能想到这些领域，那就说明人们想要这些领域中的产品或服务。如果人们想要，那么你就可以涉足这个市场了。

当你的梦想、理念或目标和很多人相同时，怎么办？

到目前为止，你听到这些"我想……"的例子都可以直接转化为一个利基市场。想帮助人们自己酿造啤酒，显然是瞄准了家庭酿造市场；想帮助人们布置自己的房子，显然是看准了家居装修市场。但是这些创意可能不止你一个人在"想"。

当我遇到反直觉询问法大师班的学员罗伯特·托雷斯（Robert Torres）时，他是一家房地产公司的营销总监，主要任务是拍摄各个房源的照片，确保潜在买家和卖家都能看到。在那里工作的最初 9 个月里，他为办公室里的房地产经纪人创造了 600 条销售线索。但这些经纪人仅将他提供的 1% 的销售线索转化成了真正的客户，于是，罗伯特开始介入其中并想出一个解决方案。好消息是，此举立即提高了经纪人的销售线索转化率。但坏消息是，罗伯特的经理告诉他，转化销售线索不是他的工作，拍摄房源和产生销售线索才是。

罗伯特陷入两难境地。这些经纪人已成为他的朋友，他乐于看到他们成功。他们每转化一条销售线索，成功的可能性就会提高一些。大约在那个时候，罗伯特开始学习我的反直觉询问法。我见到他之后，他迫不及待地对我说："我想帮助房地产经纪人转化销售线索。"这是一个很好的开始。一旦你知道了自己想要帮助的对象，问题就变成了如何帮助他们，即怎样从创意中创造出一件产品。接下来的问题和"什么"有关，即你创造出的这件产品到底是什么。

几年前，我的一条"我想……"宣言是："我想帮助企业在冰冷的数字世界中提供温暖的人性化服务。"这句话本来可以解读成很多东西，但是到了最后，它催生了我的 bucket.io® 软件公司。这个结果听起来很奇怪吧？毕竟我的宣言根本不是"我想帮助人们用软件对他们的客户进行调查和细分"。

我的商业创意很广泛，但也很详细，这意味着我必须对商业创意进行系统的探索，并了解它是如何表现出来的。结果我意识到，这一切的开端都在于创业者能够更准确地理解客户，以便更好地向他们销售产品和提供服务。这个时候，调查就能发挥它的作用了。但并不是所有的调查都有用，关键在于细微的差别。正是因为如此，我的反直觉询问法应运而生。我发现，创业者面临的最大挑战是，在拥有了适当的技术和工具后，他们不仅需要调查客户的情况，以便更好地了解他们，还要将他们分别放进不同的"斗"里，以便有针对性地制定信息，提供温暖的个性化服务。

而且，这是有效的。《反直觉询问》这本书成了当时全国第一的畅销书，销量超过 10 万册，同时我的 bucket.io® 软件公司拥有了成千上万来自世界各地的客户：从刚刚起步、正在探索市场动向和公司创办方法的初次创业者，到竭力更好地理解最终客户，以便更顺利地销售产品和推出更优质服务的大型跨国公司，不一而足。

回到罗伯特的问题。在发出了"我想帮助房地产经纪人转化销售线索"的宣言后，他决定以房地产摄影作为业务核心，创办一家名为"房产流量在线"（Real Traffic Online）的传媒公司。

那时，他刚刚当上爸爸，经过了几次失败的创业之后，基本上没能迅速地恢复元气，所以不愿意冒太大的风险。如果没赚到钱，怎么办？若是自己没有真正的专业知识，只是运气好，碰巧帮助经纪人转化了他们的销售线索，怎么办？假如自己没有做好创立这家公司的准备，又该怎么办？这里的各种问题，凡是你能想到的，都有可能存在。总之，他忧心忡忡。

没错，他的传媒公司最终变成了一次完美的创业，因为这一步无意中成了一个更宏大的总体规划的第一阶段。你瞧，一位能够拍出高质量照片的房地产摄影师可以让经纪人得到更多房源，还可以提高这些房源的销售速度。此外，罗伯特还为他的服务对象提供由无人机拍摄的视频，他真的开始"腾飞了"。随着客户数量的增长，销售线索也在增多。你知道罗伯特会给这些经纪人带去什么吗？没错，就是转化这些销售线索的方法。

在传媒公司取得成功一年后，罗伯特正式启动了激情型创业。"人与房地产学院"（The People and Properties Academy）是一个在线社区，房地产经纪人可以在那里学习如何产生和转化销售线索。这个社区实行分级会员制，每月为不同级别的会员提供不同等级的额外支持，会员们可以按照自身需求获得他们想要的帮助。

就提供"更好的服务"而言，罗伯特和我有着相似的商业创意，但它们创造的市场和产品却截然不同。**你可能和别人拥有类似的梦想、理念或目标，但你独特的技能和解决方案将把你与他们区分开来。**如果你认为你的"我想……"宣言是很多人都会发出的，那么你应该知道，你的优势可以变成你与他们的差异。若是还有很多人也有完全相同的创意，这可能意味着你的目标市场已过度饱和，在这种情况下，我将帮助你重新进行头脑风暴。

现在，让我们回到你的商业创意关键短语。你对自己的关键短语是否感觉良好？同样，理想的情况下，你已经能够将其中的 3 个关键短语带入测试阶段。这意味着我们已经进入了市场选择的第一阶段。让我们回顾一下我们在头脑风暴阶段阐述过的重要概念，这样你才能满意地继续前进。

到目前为止，身为创业者，你已经非常清楚地知道，商业模式能为创业提供强大的基础，以便你能够立即取得成功。你已经了解到，在产品网格的 1 个象限中或 4 个象限的组合中，运用知识付费的商业模式，能够交付什么类型的产品或服务。

你熟悉了 4 种类型的创业者：使命型、激情型、机会型和犹豫不决型——理想情况下，你已经知道了自己属于哪一种。

你还了解了初级 / 进阶 / 最高阶产品模型以及这一模型将如何应用到与产品和增长相关的业务中。

最后，你有了一个至少包含 3 个关键短语的清单，这些关键短语代表了你的商业创意。如果你不确定自己的关键短语是否正确，别担心，就用你手头上的这一份。重要的是学习和理解我所介绍的框架和工作流程，把它想象成一个验证方案，它能对你的每一个商业创意进行验证。

市场选择进度

你刚刚完成了市场选择流程中的第一阶段！接下来对你目前取得的进展进行一个简要总结：

第一阶段　头脑风暴

- 第 1 步　商业模式头脑风暴
- 第 2 步　市场头脑风暴
- 第 3 步　商业创意头脑风暴

第二阶段　测试

- 第 4 步　靶心关键词
- 第 5 步　市场规模最佳点
- 第 6 步　市场竞争最佳点
- 第 7 步　市场必备要素

第三阶段　选择

- 第 8 步　选择你的市场
- 第 9 步　反直觉询问

CH◯SE

第 二 阶 段

关键词测试：你的风险压缩器

如何判断你的创意能带来百万美元利润？认识神奇的"罗塞塔石碑"靶心关键词，它们将帮助你满怀信心地确认你的商业创意处在市场规模最佳点。然后，了解你拥有多少竞争对手，并审视你的创意具备了几个市场必备要素。

TEST

比赛的目的就是要坚持到底，直到赢得胜利。

你在买车之前，总要试驾一下；你在跳进游泳池之前，总要试一下水温；你在喝过期牛奶之前，总要做一个气味测试。你这么做，并不是过度控制，而是负责任，是在坚持实用精神和警觉的态度。这也是你在第二阶段所要做的。

选择了错误的市场，后果可能是灾难性的，而市场选择方程式中的测试过程会帮助你树立信心继续前进，不至于觉得自己在孤注一掷。在这个阶段，你可以简单地测试某个创意，如果它通过了，那就太好了。如果它没有通过测试，至少你现在就知道这个创意是行不通的，总比你没能及时知道这一点以至继续投资要好得多。

这个阶段的目的是为你取得商业成功创造最大的机会，它包含一个特殊的测试。发现这个测试的那一刻，是我人生中重要的时刻之一。要知道，这个测试解决了市场选择过程中最棘手的部分，将其从一个模糊的秘密变成十分清晰的流程。

头脑风暴阶段已经完成，接下来你将带着几个商业创意继续前进，正式进入"红 / 黄 / 绿灯信号"系统，它将帮助你评估自己的创意。你很快就会知道，通过这个系统对那些头脑风暴产生的创意进行可行性评估，并把所有猜测都排除在外，将会多么高效。这个系统是一个清楚、简单的指示器，它能告诉你，你的创意是否通过了每次测试，以及你是否应该继续下去。

如果你在测试过程中的任何时候遇到了红灯，你都必须回到头脑风暴的最初阶段，开启另一个创意。如果你遇到的是"黄灯"信号，就要小心对待这些创意。如果你遇到的是"绿灯"信号，那么就可以放心地朝前走。就像我之前说过的那样，这是一个迭代的过程，所以在遇到"绿灯"信号之前，你必须不断地改进你的创意，然后重新测试。

我们将使用"交通信号灯"的提示法，对照已经得到证实的行业标准来测试你的创意，并且评估它们在接下来要提到的 3 个重要方面的潜力。

首先，我们将关注市场规模，确认你的创意是否处于成功的最佳点。这种方法既简单又深刻，你绝对需要它，因为你既不想要一个太小的市场，也不想要一个太大的市场。这一测试将帮助你清楚地了解市场容量。

其次，我们将关注市场竞争，这样你就可以保证自己不会遇到太多的竞争者，同时也不会有太少的竞争者，甚至完全没有竞争者。尽管你可能会认为，在完全没有竞争的情况下，自己才能真正成为赢家，但是，几乎没有竞争，这反而是个危险信号。

最后，我们还要看看你的市场必备要素，看看你的商业创意在当前的市场和未来的一段时期内，是否有能坚持下去的 5 个特点。

第二阶段的测试会让你心平气和、清晰明了地对进入哪个市场、追求哪种商业创意做出理智的决定。它还将最终使你非常清楚地了解到，自己是否把航船放到了正确的水域。

第 **4** 步

靶心关键词：
瞄准客户痛点，直击目标市场

经过第一阶段的头脑风暴，你的关键短语已经从"我想……"的陈述中产生了。用"我想……"来为你的商业创意造句是一种十分有益的练习，有助于你确认自己想着重关注的人和事。帮助房地产经纪人转化销售线索、帮助青少年适应大学生活、帮助人们完成人生中第一幅水彩画……事实上，每一个句子都充满了关键词！

但接下来的靶心关键词是呈现你的商业创意的特定格式，是一个精简版的关键短语。在接下来的测试中，它将帮助你验证创意是否具有价值。靶心关键词是一个简单的短语，通常是由 1~3 个词语组成的，描述了你将带领人们经历的过程或转变。在此我要强调一下：你的靶心关键词必须表达人们购买你的产品后将会经历的过程或转变。

1~3 个词语，直接表明你能创造什么价值

这里向你介绍怎样列出备选的靶心关键词：

首先，把你在头脑风暴阶段想到的三句最重要的"我想……"说出来。从排在最前面的开始，看看如何采用我刚才提供给你的框架来表达关键短语后面的字眼，也就是"我想帮助人们……"中省略号里的字眼。

靶心关键词是一个由 1 ~ 3 个词语构成的短语，表示你将为人们带来的经历或转变。

比如，如果排名第一位的商业创意是"我想帮助人们照料他们的兰花"，那么在上述框架中提出的一些靶心关键词可能是"照料兰花"、"养殖兰花"、"种植兰花"或"建造一个兰花花园"。在"照料兰花"的例子中，"照料兰花"这个词组代表了在与兰花相关的事情中，你可以带领人们经历的过程或转变。过程或转变可以内置在关键词之中，如"家庭酿造"或"中风康复"。有时，过程也被浓缩成只有一个词语的关键词，如"调酒"。

或许我们可以用一种更容易理解的方式来思考：既然销售专业知识或多或少地取决于传授技巧，那么就把这些靶心关键词当

作你可以教给别人的东西。你不能教人们"兰花"，但你可以教人们
"照料兰花""家庭酿造""调酒"。

拥有一家成功的企业，意味着你需要为客户提供一些有价值的
东西，所以当你产生疑惑的时候，问问自己："说到我的商业创意，
我想帮助人们做什么、实现什么、体验什么，或者得到什么？"这
将保证你的回答中会出现一个与积极的过程或转变相关的要素。

如果你的"我想……"宣言是"我想帮助人们自己动手酿造
啤酒"，那么可能的靶心关键词就是"啤酒酿造"、"家庭酿造"或"如
何酿造啤酒"。

如果你的"我想……"宣言是"我想帮助人们从中风中恢复"，
那么靶心关键词可以是"中风治疗"、"中风后治疗"、"中风康复"
或"战胜中风"。

靶心关键词可以明显到难以置信的程度。比如，帮助人们管理
餐厅，让人联想到"餐厅管理"；帮助人们设计插花，很容易引出
"插花"。如果这还不够直接、鲜明，那么一个常见的原因是你的商
业创意不够具体。

还记得蜜蜂友好训练营的创始人克里斯蒂·肯尼迪吗？当她患有
严重孤独症的儿子在学校里难以应对其他孩子的霸凌时，她和自己的

其他孩子也经历了不同程度的辱骂和欺侮。她和孩子们发现，他们正处于人生中微妙的过渡阶段，随时可能陷入绝望。她最初的商业创意就是围绕着"我想帮助人们克服生活中的障碍"这句话展开的。

这句话本身就包含很多东西，更不用说确定靶心关键词是多么困难了。当她开始梳理她的商业创意可以为人们带来哪些具体经历或变化时，她越来越倾向于开拓一个以性格和领导力为基础的项目，帮助有特殊需要的学生融入主流的校园环境。

当时她住在密歇根州，因此她前往密歇根州众议院和参议院寻求支持，以试行该项目。众议院主席询问这个项目是否有助于减少霸凌现象，而克里斯蒂认为，这个项目所产生的自然结果就是减少暴力。她想得越多，就越发意识到，这才是她希望这个项目提供的最终结果。她对这个创意考虑得越久，就越能产生共鸣。

这促使她将自己的宣言改为"我想减少霸凌现象。"原因在于，一是这足够具体，可以扮演"北极星"的角色，起到指路明灯的作用；二是这句话所涵盖的范围足够广泛，可以同时包含恃强凌弱者和被欺凌者；三是这句话足够灵活，能够提供可以进行评估的解决方案。通过转移主要的关注点，她改变了自己的宣言，最终以"停止霸凌"作为她的靶心关键词。测试开始后，她意识到自己即将进入一个可行的利基市场。靶心关键词将以这种方式帮助你真正了解自己的创意。

"一次通过"测试：一秒检验你的靶心关键词

为了定义你的靶心关键词，同时正式启动测试流程，我制作了"绿灯市场选择工作表"，以便带着你走完整个测试阶段。填好这张工作表后，你将非常清晰地知道要追求什么样的市场，创办什么样的企业，以及关注什么样的利基市场。

我强烈建议你利用"绿灯市场选择工作表"，它将帮助你追踪和观察靶心关键词，并走完这一旅途的剩余里程。在我们走完每一个步骤以及你在实际构思和追踪、观察靶心关键词的时候，我希望你能够最大限度地利用这张表格。

现在，你只需关注工作表中的检查点1，并且为你的前三个商业创意分别制作一个候选靶心关键词列表。就从你最重要的商业创意开始吧。

你可能会发现，每个商业创意可能有多个靶心关键词与其匹配。将它们全部列出来！在空白处把每一个创意都写在相应的那一行上。

然后继续下一个商业创意，并且重复这个过程，直到你将前三个创意都填好为止。

都准备好了吗？现在，你将在工作表中的检查点 1 上为每个候选的靶心关键词进行两次非常快速的"一次通过"测试。我之所以称这些为"一次通过"测试，是因为它们将快速地给你提供指示，告诉你靶心关键词是否可行。

我们从谷歌的测试开始，这个测试过程如下：在网页地址栏输入 google.com，进入谷歌搜索页面，然后在搜索栏中输入靶心关键词，最后按下回车键。就这么简单。如果谷歌反馈给你的搜索结果与你想要的结果相似，那么你的靶心关键词就通过了测试，因此你需要在列表上的这一靶心关键词旁边的"谷歌"框中打钩。如果你无法打开谷歌网站，也可以使用其他著名浏览器。

以早期我在提高记忆力这一利基市场中的成功创业为例，我对该创意进行测试时，想到了两个潜在的靶心关键词："扩展记忆"（Expand Memory）和"提高记忆力"（Improve Memory）。

我在测试第一个关键词"扩展记忆"时，谷歌第一页的搜索结果与我所要的结果不一致。所有的搜索结果都与如何记住或学习更多内容无关，而这些正是我想帮助人们做的事情。谷歌反馈的结果只与计算机内存有关，比如，如何扩大内存等。在这种情况下，我很快删除了"扩展记忆"这一关键词。"一次通过"测试并没有验证它是可行的（见图4-1）。

我转而使用"提高记忆力"这一关键词来进行谷歌测试。这一次，首页上的所有搜索结果都与我想帮助人们做的事情非常一致，比如提高记忆力的诀窍、练习、文章和药品。因此，我勾选了"提高记忆力"这个关键词，它通过了首次测试。

你可以选择在列表中向下移动，并在谷歌上对你提出的每个靶心关键词进行"一次通过"测试。如果你的关键词通过了测试，你还可以继续进行亚马逊测试。是否要这么做，选择权在你。我唯一要强调的是，不要因为第一个创意通过了测试就停下来，靶心关键词列表里的每个关键词都要进行测试。

亚马逊的"一次通过"测试与谷歌测试十分类似，只是这一次你访问的是亚马逊网站，并在搜索栏中输入你提出的靶心关键词。如果在亚马逊搜索结果的首页中列出的待售商品和你所期望的东西一致，也就是说产品或信息与你希望如何帮助他人相关，那么该关键词就通过了亚马逊测试，此时你应该在它旁边打钩。如果亚马逊测试没有输出你所预期的结果，则表明这个关键词并不是表达你的

图 4-1　谷歌"一次通过"测试示例
（在谷歌浏览器搜索"扩展记忆"）

商业创意的准确或有效的方式。在这种情况下，这一关键词无法通过测试，因此不能再与其他关键词竞争。

再看看"扩展记忆"和"提高记忆力"的例子（见图 4-2 至图 4-4）。当我在亚马逊上搜索"扩展记忆"时，我看到了一系列计算机设备、存储卡和记忆棒。它们和我的期望不相关。但是，当我搜索"提高记忆力"时，我得到了一系列帮助人们增强大脑功能有关的图书和营养品。这和我的期望是一致的。

你可能想知道我为什么在这个步骤中将谷歌和亚马逊作为第一测试目标。因为谷歌是世界上最大、最受欢迎的搜索引擎，能让你了解大多数人在搜索什么关键词。亚马逊则是世界上最大的在线商场，能让你了解人们用什么关键词来描述他们想买的东西。运用这种简单、值得信赖、很少有人能充分利用的免费方法，你将快速确定自己应该从关键词列表中删除哪些选项。

如果你仍然坚持使用目前的靶心关键词来描述利基市场，那么重新回顾我之前分享的 24 个有利可图的利基市场创意，可能会对你有所帮助。这个列表中所呈现的是已经通过测试的关键词，对它们进行快速回顾，将帮助你重新找到你所希望使用的简洁而有效的语言。

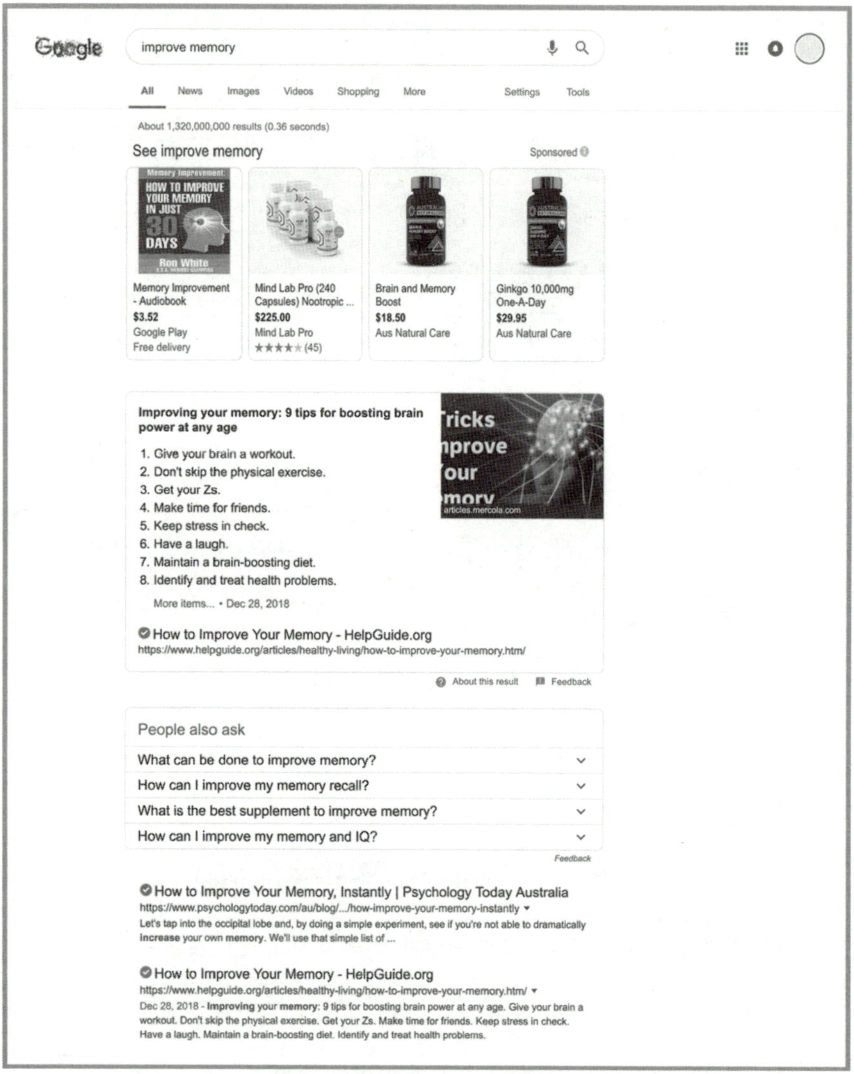

图 4-2　谷歌“一次通过”测试示例

（在谷歌浏览器搜索“提高记忆力”）

图 4-3　亚马逊"一次通过"测试示例
（在亚马逊搜索"扩展记忆"）

图 4-4　亚马逊"一次通过"测试示例
（在亚马逊搜索"提高记忆力"）

这个阶段的秘诀是，不要低估你能给消费者带来的转变。关键词不是"兰花"，而是"种植兰花"或"照料兰花"；关键词不是"蜜蜂"，而是"养蜂"，你得教人们养蜜蜂。这一切都取决于你能为市场做什么，并充分发挥市场成功所需的动力、发展和改变。

继续对你的其他靶心关键词进行谷歌和亚马逊"一次通过"测试，并将结果记录在"绿灯市场选择工作表"的检查点 1 之中。你要将那些被勾选了两次的创意带入即将到来的最佳点测试之中。第一个最佳点测试与理想的市场规模有关，第二个最佳点测试与理想的市场竞争者数量有关。在这两次最佳点测试中，我们的目的是找到在规模和竞争上都符合最佳点要求的市场。换句话说，我们正在寻找的市场既有合适的规模，又存在适度的竞争。

第 5 步

市场规模最佳点：
定位业务焦点

第 5 步，我要向你介绍整个市场选择方程式中最重要和最清晰易懂的概念：市场规模最佳点。

这是我整个职业生涯中最重大的发现之一。事实上，最初对市场规模进行研究时，我几乎找不到它的最佳点，除非市场本身就在最佳点上。我一次次地进行测试，现在我看到，几十个不同的市场都处在它们的最佳点，包括我自己的市场以及我最成功的学员和客户的市场。

经过多年的反复试验，我发现，每个市场都有最佳点，其规模既不会太大也不会太小。大多数人相信市场规模越大越好，但我要颠覆这种错误观念。

如果你把航船放入大海，却没有足够的资源扩建你的船，使之更适合在浩瀚的海洋中航行，那么你的航船将被广袤的海洋吞没，成为巨大海景中一个无关紧要的小点。相反，如果你把航船放在一条风平浪静的小河中间，虽然你可以尽力划水，但根本没有足够的空间让船移动。

一个像海洋那么浩瀚的市场，对你来说可能太大了，无法驾驭。一个像小河那么狭小的市场，对你来说可能又太小了，无法施展你的才华。创业的关键是在浩瀚的海洋和平静的小河之间找到合适的市场规模。总而言之，市场的规模需要恰到好处。

那么，怎样判断你的市场创意是否处在市场规模最佳点之中呢？自从谷歌在 2006 年 5 月发布了免费工具——谷歌趋势（Google Trends）以来，这个问题的答案已经在我们的眼皮底下隐藏了十几年。

如果你无法打开谷歌网站，也可以使用"百度指数"等以网民行为数据为基础的数据分析平台，进行关键词测试。

谷歌趋势图：被忽视的无价之宝

虽然谷歌趋势并不是专为市场规模最佳点测试而设计的，但自它诞生以来就一直在收集数据。这些数据作为谷歌趋势的一项副产品，为企业所有者构建了一幅全景图，帮助他们深刻洞察每一个商业创意所拥有的市场规模。依靠这一工具，我获得了另一块重要拼图——谷歌趋势图上市场规模最佳点的确切位置。它非常精细，也非常具体。根据我在过去十年里进入几十个不同市场、与数百位客户合作的经验，以及对成功与失败的企业在图表中位置的长期分析，市场规模最佳点在谷歌趋势图上的位置，也就是你的商业创意最有可能取得成功的确切范围。

如果你想创办一家产值达六位数或七位数的知识付费公司，那么明确市场规模最佳点将有效得让人难以置信。我必须坦率地告诉你，如果你获得了数百万美元的风险投资资金，着眼于创办一家价值十亿美元的公司，想将自己的公司打造成下一家耐克，或者只是想卖纸杯蛋糕或小挂件，那么寻找市场规模最佳点就不是那么有必要。我的目的只是帮助你发展知识付费公司，让它成为一家利润丰厚的成功企业。这是我正在竭尽全力做的事。

首先介绍基本原理，也就是阐明市场规模最佳点究竟是怎么回事。谷歌趋势显示了进入谷歌的某个搜索项相对于全球总搜索量的出现频率。举个例子来说，如果当前全世界一共有 100 次谷歌搜索，其中 20 次的搜索内容是"搭建乐高城堡"，10 次的搜索内容是"如何生产一台电脑"，那么相对来说，"搭建乐高城堡"的搜索量是"如何生产电脑"的搜索量的 2 倍。因此，与世界上人们正在搜索的所有内容进行对比，就是某个搜索项在当前流行程度的写照。

这一工具为你观察关键词的流行程度与相关性提供了一个很好的相对标准。虽然关键词的实际搜索量可能有升有降，但我们要重点关注的是相对标准。它能告诉你，你的市场规模有关的最佳点在哪里。

一旦进入谷歌趋势就会发现，你可以输入一些搜索条件来限定谷歌显示给你的结果。这里要注意的是其中两个条件。

第一，你可以在谷歌趋势中指定位置。也就是说，在查看某个关键词的搜索量时，你可以控制谷歌的显示范围。谷歌趋势上有一些选项，你可以选择某个国家，这样一来，谷歌就只显示该国范围内的搜索数据；你也可以选择"全球"（Worldwide）这个选项，这意味着谷歌将显示全球所有的搜索数据。我建议你选择"全球"这个选项，原因在于销售专业知识的一大好处是，它能使你进入全球市场，而不是创办一家受到当地地理位置限制的小型企业。

第二，你可以限定时间，也就是说在谷歌显示搜索数据前，你可以设置自己希望看到的时间段。我建议你选择"过去 5 年"这个选项。之所以这么做，是因为你不仅想要查看某些关键词所代表的市场在几个月里的表现，还想查看它在几年之内的表现。这样一来，你就可以确定某个关键词在长期趋势中是什么样的，并且更清楚地了解该关键词的稳定性或搜索的季节性。稍后我将和你详细讨论如何读取数据，但现在我想首先保证你能获得合适的数据。

　　首先，我们将使用一个关键词来做练习。先进入谷歌趋势并输入关键词"普拉提"（Pilates）。按下回车键后，你会注意到谷歌趋势生成了一张图表，它显示了这一关键词的用户搜索量。现在，继续下去，将你的搜索条件设置为"全球"及"过去 5 年"（见图 5-1）。在数据更新之后，你能看到这条线有多么笔直了吗?

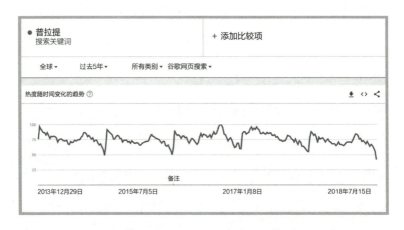

图 5-1　关键词"普拉提"的谷歌趋势图

谷歌趋势显示了具有一定稳定性的市场，它在每年一月出现一个高峰，在感恩节与圣诞节之间出现一个低谷，这对于健康与养生市场来说是很常见的，人们习惯在年初把自己的"新年目标"拿出来瞧一瞧。由此，你就能得知市场可能是周期性的。这条线索一目了然！

想一想这对你的公司意味着什么。如果你的工作时间总是在一月份，那么这一情况是否符合你的生活方式与目标？同样重要的一点在于，你需要记住，由于周期性的市场会经历高峰和低谷，因此这些市场带来的收入往往也呈现出这种周期性。

但普拉提和其他与健康相关的利基产品相比，情况又是怎么样的呢？这就是谷歌趋势变得真正有趣和强大的地方，因为它使你能够快速地将自己搜索的关键词与其他关键词进行对比。

点击页面顶部的"＋对比"（＋ Compare），输入另外一个关键词"生酮饮食"（keto），现在你可以看到，谷歌趋势图上出现了两条线，显示了"普拉提"和"生酮饮食"的搜索量对比（见图 5-2）。图 5-2 中新增的数据表明，生酮饮食也呈现出类似的周期性峰值。尽管"普拉提"的搜索量更加稳定，且在最近 12 个月中呈现的曲线面积更大，但这并不一定意味着它就处在最佳位置。通常来说，在更大的市场中，竞争更激烈、产品更成熟，新企业进入的成本也更高。

从图 5-2 可以看出，在观察实际市场行为和受欢迎程度方面，谷歌趋势能够很好地协助调查搜索量。除非你一直生活在山洞里，不与外界接触，否则肯定会注意到生酮饮食的受欢迎程度以及人们对它的兴趣都在大幅上升。要么你本人试过生酮饮食，要么你有朋友试过，要么你看到了与生酮饮食相关的信息和产品的爆炸式增长。谷歌趋势图证实了这一事实。

为了进行比较，并真正测试将搜索量与市场规模联系在一起的理论，以便你能像我一样对这一工具充满信心，让我们用"普拉提"来比较一下后面这个吸引了全世界关注的市场。这个市场目前已经发展成了一个庞大的主要市场。

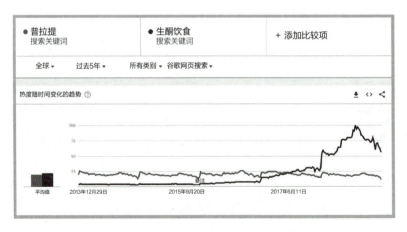

图 5-2 关键词"普拉提"和"生酮饮食"的趋势对比图

输入"比特币"（bitcoin）（见图 5-3）。

快速浏览一下搜索结果，你就会发现，它的关键词搜索量与"普拉提"相当。它在 2017—2018 年出现了一次骤升和骤降的变化。

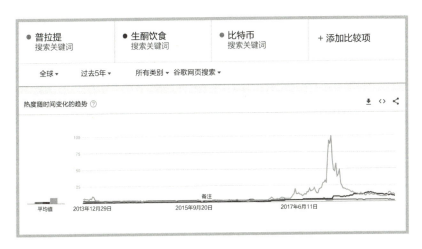

图 5-3　关键词"普拉提""生酮饮食""比特币"的趋势对比图

重要的是，搜索量的增加和减少与比特币的股价在同一时间段内的大幅涨跌是一致的（见图 5-4）。在这段时间里，许多人迅速涌入比特币市场。无论是咖啡馆里还是出租车上，我们总能听到人们在谈论比特币。我记得有一天，我的理发师都在说这件事！

现在，你是不是明白了谷歌趋势这一工具的工作原理呢？它好比一张快照，清楚地展示了关键词搜索量所代表的利基市场和其他

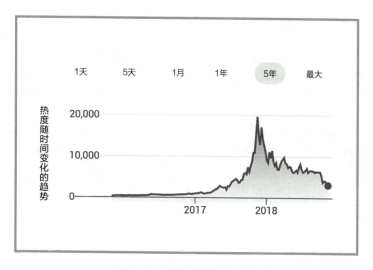

图 5-4　比特币股价涨跌图

利基市场之间的对比。谷歌趋势图所显示的正是你需要的信息，因此它是一个无价的工具。在这个阶段，要确认你正在寻找的市场是否处于市场规模最佳点，就应该将这个问题转化为市场是否落在某个特定的范围内。但是，如果想要正确界定这个范围，我们就需要看一些关键特征，它们为理想的市场规模提供了参考。

首先，你希望市场保持稳定或呈现扩大趋势，这意味着它们具有长期投资的潜力。如在图 5-5 中，在过去 5 年里保持稳定状态的市场包括"翻修"（Renovation）、"在线教育"（Online Education）等，而"社交媒体"（Social Media）则是一个正在持续扩大的市场。

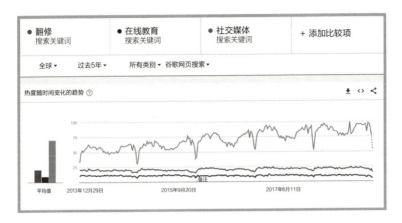

图 5-5 关键词"翻修""在线教育""社交媒体"趋势对比图

你最不希望发生的事情就是跳入某个呈现下降趋势的市场，通常来说，当你追逐某种一时狂热的时尚潮流时，就会遇到这种情况，还记得指尖陀螺（Fidget spinners）吗？那些东西转瞬之间来了又去。这一点可以从谷歌趋势图中"指尖陀螺"这一关键词的搜索量中看出（见图 5-6）。

同样的情况也发生在很多与饮食方法有关的市场上，比如"阿金饮食法"（Atkins diet）或"原始人饮食法"（paleo）。这些市场时兴时衰，你一定不希望在它们下滑的时候进入（见图 5-7、图 5-8）。把自己所有的时间和精力都用来建立一个随着市场的消失而消失的企业，这就是此时你所面临的风险。

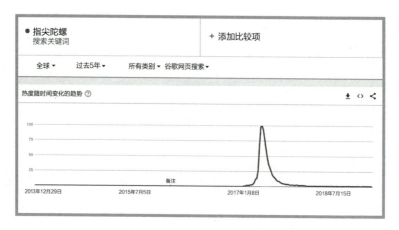

图 5-6　关键词 "指尖陀螺" 的谷歌趋势图

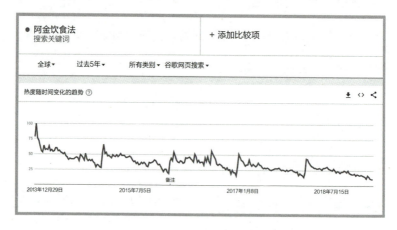

图 5-7　关键词 "阿金饮食法" 的谷歌趋势图

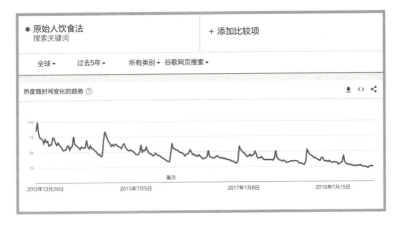

图 5-8　关键词"原始人饮食法"的谷歌趋势图

　　你还要找到满足你的生活方式的市场。我们之前谈到，普拉提之类的市场具有周期性，这类市场非常常见，如"康乃馨"的市场就表现出了令人印象深刻的周期性（见图 5-9）。

　　这是一张描绘了 5 年来"康乃馨"关键词搜索量的谷歌趋势图。看到这两个巨大的峰值在每年都相当一致吗？一个在二月，一个在五月，恰好在情人节和母亲节前后。这是可以理解的。在这两个节日前后，康乃馨的需求最高。这种需求也反映在"康乃馨"关键词的搜索量中。图 5-9 表明，如果你从事的是与康乃馨有关的行业，二月和五月将是你一年中最忙的时期。如果你不想在这两个月忙得不可开交，那么尽量不要进入这个市场。

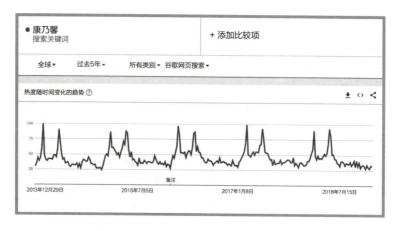

图 5-9　关键词"康乃馨"的谷歌趋势图

这些都很简单，但在你决定选择哪个市场时，它们绝对是有价值的。即使我们就此打住，你也已经掌握了一些对谷歌趋势进行利用的好方法。

接下来我要展示的东西，要比刚才那些强大得多，也深入得多。我第一次发现它的时候，仿佛找到了一把钥匙，打开了一扇窗，进入了另一个世界。它一直就在那里，却被深锁在地底下，等待人们去了解。

我发现了有关靶心关键词的"罗塞塔石碑"（Rosetta stone）。不过，这块罗塞塔石碑上并没有刻着不同的古代语言，而是刻着一组成功企业，它们将帮助你轻松破解你在谷歌趋势中获得的数十亿份数据。有了这块石碑，你几乎立刻可以满怀信心地确认，你所关注的商业创意是否处在市场规模的最佳点上。也就是说，这个点将为产值六位数或七位数的知识付费企业指出使其蓬勃发展的最佳市场规模。

罗塞塔石碑：破解关键谜题的钥匙

最早的罗塞塔石碑发现于 1799 年，是一块在公元前 196 年制作的、刻有埃及国王托勒密五世诏书的石碑。这一发现极其重要，因为它用三种不同的语言刻上了相同的内容：第一种语言是古埃及象形文字；第二种语言是古埃及通俗文字；第三种语言是古希腊文字。

在发现罗塞塔石碑之前，古埃及文字已被人们遗忘。没有人能够破译各种古埃及工艺品、建筑和卷轴上出现的文本，这严重限制了我们对古埃及世界的理解。罗塞塔石碑的重要意义在于，虽然没有人懂得古埃及语，但很多学者了解古希腊语。由于石碑上铭刻的三个版本的内容差异很小，所以罗塞塔石碑成了破解埃及象形文字的钥匙，打开了一扇通往古埃及历史的窗户，使得古埃及丰富多彩的世界变得鲜活起来。

"罗塞塔石碑"靶心关键词：异常准确的成功预测器

处在市场规模最佳点上的所有企业，其共同特点是处于谷歌趋势图上的特定位置。我发现了一个非常清晰的市场规模带，它是一个异常准确的成功预测器。

事实上，在我的 23 家成功企业中，每一家都与这个狭窄的范围相对应。当我输入客户中最成功的企业来进一步验证这一发现时，我看到这些公司也恰好处在这个市场规模最佳点。接下来，我又测试了学员创办的最成功的企业，它们也在这个最佳位置上！更让人兴奋的是，我发现自己未真正创办或遭遇滑铁卢的企业，没有一家处在这一最佳点上！

如今，人们已经滥用了"成功秘诀"这些字眼，但市场规模最佳点确实是我最重大的发现，它给了我一扇通往成功的大门。到目前为止，我只与核心圈子里的同事、客户及学员分享过这个秘诀，但我决定在这本书中首次向广大的读者公开它。

市场规模最佳点是一条狭窄的"带"，让知识付费业务位于这条"带"上，能够使其繁荣发展。我花了数年时间才搞清楚这条"带"到底是什么，从而揭开了它的神秘面纱。在接下来的文字中，我将向你说明我的学员、客户和我自己在哪些市场取得了最大的成功、它们的最佳点到底在哪里、怎样使用谷歌趋势在短短几秒钟之内就对市场进行预测并评估自己的市场创意，以便观察它们是否也处在同样的市场规模最佳点上。

让我们从"照料兰花"开始，这是我最喜欢的老案例。如果在谷歌趋势搜索栏中输入这个关键词，你会发现"照料兰花"从整体来看是一个相对稳定的市场，每年情人节和母亲节前后都会出现小高峰，类似于"康乃馨"，但没那么突出（见图 5-10）。看到这些高峰，你马上就知道一年中最重要的时刻是哪些，这对你安排个人日程、准备促销活动，以及为团队和其他资源做好准备很有帮助。

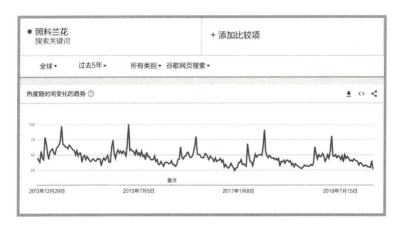

图 5-10　关键词"照料兰花"的谷歌趋势图

现在，用谷歌趋势中的"+添加比较项"来对比"照料兰花"和"提高记忆力"的搜索情况（见图 5-11）。你可以看到，这两个关键词的搜索量大致相当，也就是在图中大致处于同一水平。

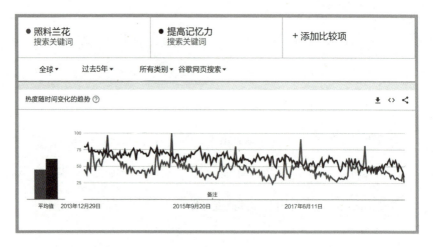

图 5-11 "照料兰花"与"提高记忆力"趋势对比图

接下来，我想介绍我们的一位客户，他进入了一个欣欣向荣的市场，创办了十分成功的企业。这位客户就是平台大学（Platform University）创始人迈克尔·海亚特，他进入的是领导技巧（Leadership Skills）市场。如果你在相同的页面点击"+添加比较项"，输入"领导技巧"这一关键词，将会看到它的范围扩大了一些，但也和其他关键词的搜索量所呈现的范围差不多（见图 5-12）。

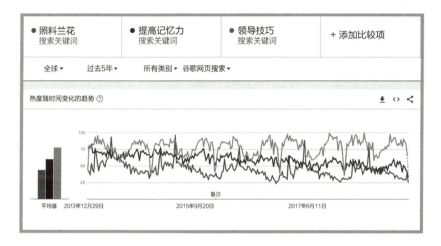

图 5-12　"照料兰花""提高记忆力""领导技巧"趋势对比图

现在，再来看我的一名学员进入的市场，他在这个市场上取得了长期成功。肖恩·比斯尔（Sean Bissell）是第一批通过使用反直觉询问法获得巨大成功的学员之一。他是一名机会型创业者，在一次头脑风暴之后，我帮助他进入了养蜂市场。这一关键词的搜索量所呈现的范围，与我刚才提到的其他业务的搜索量所覆盖的范围非常相似。继续向前走，在同一幅谷歌趋势图中添加"养蜂"（Beekeeping）这个关键词（见图 5-13）。

当我输入许多其他成功业务的关键词时，发现它们都处在同一个范围内。这里列出的关键词变成了我们的"罗塞塔石碑"靶心

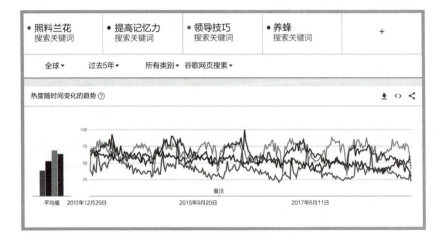

图 5-13 "照料兰花""提高记忆力""领导技巧""养蜂"趋势对比图

关键词。这意味着，你可以在任何时候将"照料兰花"、"提高记忆力"、"领导技巧"和"养蜂"这 4 个关键词输入谷歌趋势中，使用"+ 添加比较项"，再加上第 5 个关键词，看看它是同样落在这个市场规模最佳点，还是落在其他范围。这 4 个关键词之所以特别突出，是因为它们不仅揭示了最佳点的中间位置，而且还显示了最佳点的顶部和底部位置。

让我来举例证明谷歌趋势和"罗塞塔石碑"靶心关键词组合在评估你该进入哪个市场时，发挥了多么不可思议的强大力量。

接下来，我将阐述前面提到过的客户罗恩·雷克的经验。罗恩第一次来找我的时候，我们一起进行头脑风暴。当他想到自己可能会进入的市场时，他立刻将目光投向自助（Self-help）这一领域。

在谷歌趋势中看一下"自助"这一关键词的搜索量与"罗塞塔石碑"靶心关键词搜索量的对比结果，你就会立马发现这是一个多么巨大的市场（见图5-14）。

图5-14显示，"自助"是一个巨大而令人生畏的市场，它的规模太大、太广阔，如果涉足其中，可能无法取得任何发展，甚至可能无法生存。于是我们选择在这个巨大的自助类市场中寻找其他较小的利基市场如"增强信心"（Improve Confidence）和"提高效率"（Be More Productive），但它们又太小了（见图5-15、图5-16）。

看到这些术语的搜索量远远小于"罗塞塔石碑"靶心关键词所处的市场规模最佳点后，罗恩和我开始围绕一个完全不同的领域进行头脑风暴——宠物狗市场。

但养宠物这件事情太普遍了，市场规模太大了。因此，我们首先从关键词"狗狗训练"（Dog Training）开始，发现它的搜索量远远超出了市场规模的最佳点后，我又帮助他进一步缩小了范围。我们认为，如果"狗狗训练"所涵盖的范围太广，可能存在与最佳点更相近的特殊训练方式。也许我们并不想专注于训练每一种狗，而

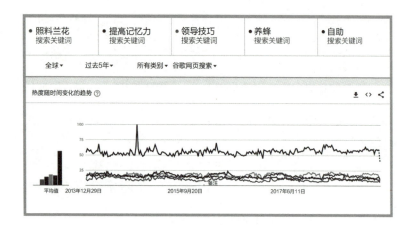

图 5-14 "照料兰花""提高记忆力""领导技巧"
"养蜂""自助"趋势对比图

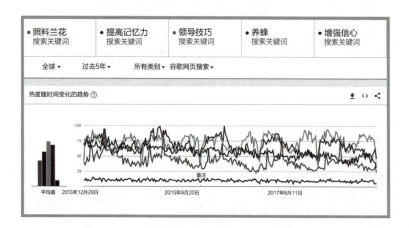

图 5-15 "照料兰花""提高记忆力""领导技巧"
"养蜂""增强信心"趋势对比图

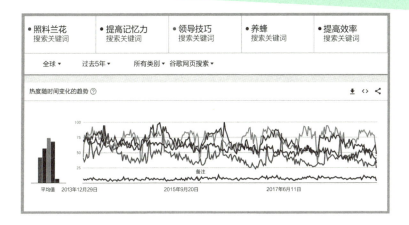

图 5-16　"照料兰花""提高记忆力""领导技巧"
"养蜂""提高效率"趋势对比图

只是训练狗狗做某一件事。通过这一非常有益的思考过程，我们最终确定将"训练狗狗如厕"（Potty Train Puppy）作为罗恩的靶心关键词。把它输入谷歌趋势后，我们看到它正好落在"罗塞塔石碑"靶心关键词所显示的市场规模最佳点（见图 5-17）。

你是否开始思考，什么市场刚好落在这一特定范围，既不太宽也不太窄，正好合适？

如果把"罗塞塔石碑"靶心关键词和普拉提的例子做个比较，就会发现"普拉提"的范围有多宽。它远远超出了最佳点，这证明普拉提的市场太大了，竞争太强了，我们要考虑如何缩小它的范围（见图 5-18）。但也不能把利基市场的范围收缩得太过狭窄。以"练

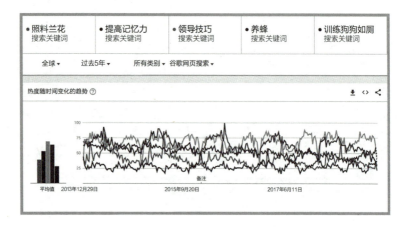

图 5-17 "照料兰花""提高记忆力""领导技巧"
"养蜂""训练狗狗如厕"趋势对比图

习普拉提球"（Pilates Ball Exercises）为例，你可以看到，这个利基市场与"罗塞塔石碑"靶心关键词相比是多么微不足道，它太小了（见图 5-19）。

现在，让我们沿用"绿灯市场选择工作表"工作表。你已经看到哪些关键词落在了"罗塞塔石碑"靶心关键词的范围内，这些关键词是"绿灯"市场，意思是"可以启动"。而在"罗塞塔石碑"靶心关键词范围以外的关键词，则是"红灯"市场，意思是"不行，停下来"。还有一些市场可能大部分在市场规模最佳点之外，只是触及了"罗塞塔石碑"靶心关键词范围的边缘，这些则是"黄灯"市场，意思是"谨慎行事"。

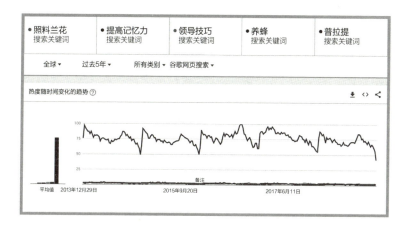

图 5-18　"照料兰花""提高记忆力""领导技巧"
"养蜂""普拉提"趋势对比图

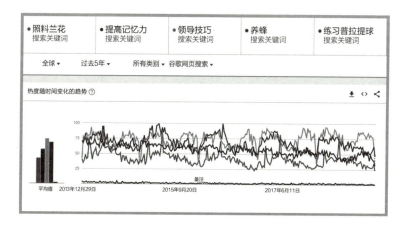

图 5-19　"照料兰花""提高记忆力""领导技巧"
"养蜂""练习普拉提球"趋势对比图

这里有一个例子，它展示了在筛选出你的"绿灯"市场的过程中可能出现的 3 个颜色信号灯。假设我想开拓一个新的市场来补充我的照料兰花这项业务，希望能在园艺领域找到一些现有的客户也许会感兴趣的事物。于是我开展头脑风暴，接着测试以下靶心关键词："照料非洲紫罗兰"（African Violet Care）、"照料玫瑰"（Rose Care）、"照料仙人掌"（Cactus Care）和"水培法"（Hydroponics）。

将这些关键词的谷歌趋势图放到一起，并将其与"罗塞塔石碑"靶心关键词相比较，可以看到"照料非洲紫罗兰"远低于市场规模最佳点，规模太小，是"红灯"市场；"水培法"高于市场规模最佳点，规模太大，又是一个"红灯"市场；"照料仙人掌"大部分位于最佳点以下，尽管它确实在几个地方触及了最佳点，但它的市场可能太小了，这使它成为一个边缘关键词，因此这是一个"黄灯"市场；"照料玫瑰"正好处于最佳点中间，代表着另一个可能收获成功的市场机会，是一个"绿灯"市场（见图 5-20）。

记住：如果你的靶心关键词的谷歌趋势图完全在市场规模最佳点，那么这就是一个"绿灯"信号，说明可以继续前进。如果趋势图明显超出了市场规模最佳点，而且没有触及"罗塞塔石碑"靶心关键词曲线的任何部分，那就是一个"红灯"信号，意思是"停

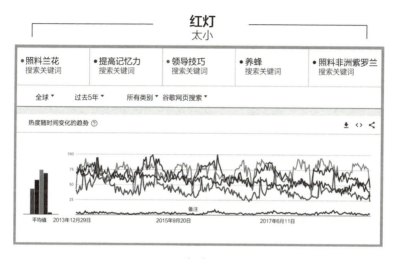

（a）

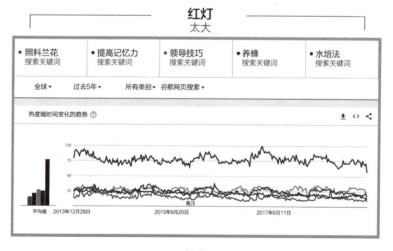

（b）

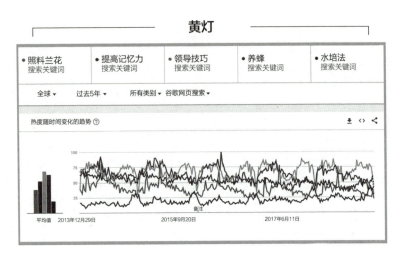

（c）

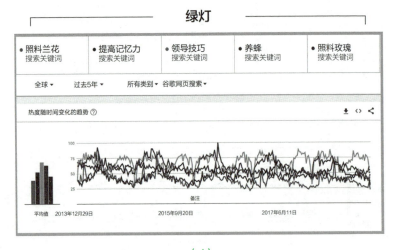

（d）

图 5-20　用"罗塞塔石碑"靶心关键词筛选"绿灯"市场

下来，不要前进"。如果关键词曲线部分触及或者部分处在市场规模最佳点之内，那就是一个"黄灯"信号，你可以将这一关键词留在你的列表中，等到进入测试过程的下一步时，你再决定暂停还是继续前行。

但如果你发现自己最喜欢的商业创意不在最佳点之中，又该怎么办呢？这是否意味着它注定失败？不。如果靶心关键词一开始不在最佳点内，并不一定意味着你的商业创意或利基市场完全没有成功希望，可能只是意味着你需要进一步优化靶心关键词的构思，以便找到真正的最佳点；这也可能意味着你要像罗恩·雷克那样，将市场创意变得更加具体，或变得更加大众化，以便能够为更多受众提供服务。

市场规模最佳点测试旨在帮助你重新定位自己的业务焦点，如果发现自己最喜欢的商业创意没有位于最佳点之内，也许只是说明你还未能找到构建和聚焦市场的理想方法。正因如此，市场规模最佳点测试才会拥有很高价值！

数据化决策：量化风险与不确定性

这是一种量化决策法，可以即刻评估你的商业创意，使自己对市场看得更加清晰，并充满信心地开启创富之旅，任何人都能做到。

以我的学员安娜·鲍姆加特纳（Anna Baumgartner）为例来详细说明。安娜参加了我主导的"选择你的市场"现场培训，其中包括为期 10 天的"选择你的市场"挑战。

在这 10 天里，安娜实时记录了这一挑战过程和她的发现。她分享了自己是如何从毫不知晓市场选择方程式，到找到"绿灯"市场的经历，尽管这不是她所希望进入的市场，但对她来说，结果非常成功！以下是安娜自己做的简短总结。

第 0 天——介绍你自己

我平时会指导创业者们雇用和管理他们的虚拟助手（Virtual Assistant，简称 VA），虚拟助手通常是自雇人士，可以在家庭办公室远程为客户提供专业的管理、技术或创意帮助。我的目标是确认自己所处的利基市场，同时更多地了解瑞安·莱韦斯克选择市场的过程。

第 1 天——对商业模式进行头脑风暴

我选择的商业模式与知识付费有关，因为我的大部分经验都在这个领域。我喜欢以充满创造性的实用方式与他人分享知识和观点，以便人们可以立即应用。此外，知识付费业务拥有良好的商业价值，因为大多数人会花钱进行在线学习。在产品方面，我会考虑推出在线课程、辅导或咨询服务、开办网络研讨会并举行各种活动。

第 2 天——头脑风暴：你是哪种类型的创业者？

我想说，我天生喜欢为某个使命而奋斗。但最近，我对眼前的机会抱有更加开放的态度。我还喜欢为那些想要改善生活的成年人服务。我的客户在我的项目中参与得越多，表现得越兴奋，我的辅导工作就进行得越好。如果他们认为自己需要我提供的服务，这会对他们产生很大的帮助。考虑到我的专业知识和热情所在，我应该为更加具体的受众提供帮助。

第 3 天——对商业创意进行头脑风暴

我的三大商业创意：我想帮助人们管理他们的虚拟助手；提高老年人护理的质量；通过游戏来认识乐谱。

第 4 天——测试靶心关键词

通过谷歌和亚马逊测试的前三个靶心关键词是"认识乐谱"、"培训虚拟助手"和"老年人护理技巧"。接下来，我使用 thesaurus.com 来寻找潜在的新靶心关键词，因为我最初尝试的几个关键词没有通过测试，但在这个网站上却成功地找到了靶心关键词。谢谢你的提示，瑞安·莱韦斯克！是你让我意识到，重要的不是使用我想到的词，而是使用那些正在网上进行搜索的人所关注的词，才是正确的途径。

第 5 天——测试市场规模最佳点

我唯一一个通过谷歌和亚马逊测试的关键词是"认识乐谱"。"培训虚拟助手""老年人护理技巧"在测试中得分太低，低到谷歌趋势几乎无法显示，所以我认为它们遇到的是"红灯"。

第 6 天——测试市场竞争最佳点

今天毫无疑问是令我十分激动的一天！一切都很好！市场竞争最佳点测试过程如下：在完成第一天至第五天的测试后，我开始变得兴奋起来，并考虑选择"认识乐谱"这个靶心关键词。但是我发现，在这一步测试中，"认识乐谱"这一关键词是个"红灯"信号！所以我回到了起点，从第一天的头脑风暴开始，测试我的第四个和第五个备选关键词。我真的很惊讶。在这些步骤完成之后，我发现"学习中文"这个关键词居然得到了"绿灯"信号。如果没有重新经历这个过程中的每一步，我可能不会考虑这个市场。感谢瑞安·莱韦斯克真实地给我们分享了他在市场选择过程中的各种情绪！

第 7 天——测试你的市场必备要素

我的靶心关键词"学习中文"是"绿灯"！

第 8 天——初级 / 进阶 / 最高阶一页纸商业模式

我已经描绘了我的初级 / 进阶 / 最高阶产品理念！

第 9 天——选择你的市场

我只有一个"绿灯"市场，那就是"学习中文"。其余都是"红灯"。

第 10 天——接下来的步骤

针对"学习中文"这一创意，我将使用反直觉询问法去了解目标客户的想法和需求。我将从"唯一最重要的问题"开始提问，如"说到学习中文，你最大的挑战是什么"，同时收集反馈。我还想知道人们学习中文究竟是为了做生意、工作、旅行，还是仅仅因为中文很酷。我完成了整整 10 天的挑战。最值得高兴的是，我在出发之前就知道了自己一直处于"红灯"市场，没有朝着错误的方向前进。如今的我更有信心了，因为我选择了一个"绿灯"市场。

安娜的市场选择之旅中最令人称道的地方在于她成功地避免了在最初所处的"红灯"市场上浪费更多时间。如今她正在"学习中文"的市场上发展自己的企业，是市场选择方程式帮助她做到了这一点。

安娜的故事证明，只要你花时间真正确认你的靶心关键词，并做好在找到"绿灯"市场之前可能需要重复几遍这一过程的准备，你真的可以创造梦想中的事业与生活。

为此，让我们重温照料兰花的例子，这是我们的"罗塞塔石碑"靶心关键词之一。如果我把自己的商业创意定义为"兰花"，那么这个关键词是不会处在市场规模最佳点上的，我将因此错失一个绝佳的商业机会。在谷歌趋势中查找"兰花"这个词，你会发现它在图中覆盖的范围太大了（见图 5-21）。

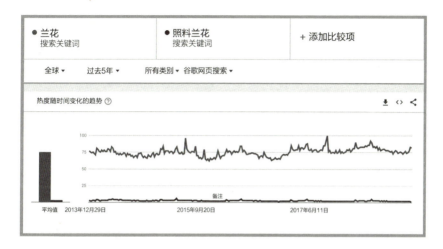

图 5-21　"兰花"与"照料兰花"趋势对比图

这是因为人们在搜索兰花的时候，并不一定要寻找关于如何照料兰花的信息，他们可能希望购买真正的兰花，或者购买特殊的肥料或花盆，又或者在努力寻找一个兰花俱乐部。这些都与我试图提供给他们的服务不一致。我不想做兰花生意，我想做照料兰花的生意，两者差别很大。

这是一条重要的经验：第一，它说明了靶心关键词的重要性；第二，它使我们意识到，不能仅仅因为谷歌趋势在第一次测试中表明靶心关键词出现问题，就拒绝可能有用的创意。有时候，你只需要发现自己的优势就行了。

你的创意可能具有极大潜力，这一测试过程是阐明、打磨和完善创意的机会。在你的所有创意都通过谷歌趋势的检验之后，还应该继续关注靶心关键词列表，这些关键词既经受了谷歌和亚马逊的"一次通过"测试的检验，也通过了市场规模最佳点测试。

接下来，你将进入"绿灯市场选择工作表"的检查点 2。到这个时候，你应当将成功通过前面测试的关键词的列表转移到检查点 2，以便观察它们是否能够通过另一个最佳点测试，即市场竞争最佳点测试。

第 **6** 步

市场竞争的最佳点：
拥有多少对手才合适

生活在这个竞争激烈的世界，我们遇到的一个常见误解是：为了成功，我们必须消除商业上的竞争。然而，我要告诉你的是，在选择市场时，你需要的正是竞争。与市场规模最佳点类似，你要拥有适当数量的竞争对手，不能太多，但也不能太少。

如何利用市场竞争降低风险与成本？

我认为，太多的人竞争同一类客户，是商业世界中人们对竞争的最大恐惧。人们担心，公司规模越大、知名度越高，越具有不公平的优势。他们拥有更多预算、更大规模的团队和更丰富的资源，所有这些往往都会推高广告价格，让规模较小的公司无法在同一个市场竞争。实际上，有这种心态很正常。一方面，如果你面临的是太多竞争，可能意味着你进入的市场已经过度饱和或过于成熟，在这样的市场中，要想获得客户的吸引力，也许会代价高昂。坦率地说，这可能是一场"屠杀"，人们总是在降价，然后互相比拼，看谁降得更多，以赢得更多的销售额。你可能需要很长时间才能获得投资回报，也可能完全没有利润。

另一方面，有的人认为，如果能找到一个没有竞争或竞争很少的市场，将是一种优势。他们认为，在这种情况下，自己将拥有市场并且垄断需求。但某个市场无人进入，也是有原因的。也许那个市场中没有较大的需求。缺乏足够的竞争与竞争过于激烈，都有问题。概括地讲，你应该把缺乏竞争作为一个明确的警告信号。

创办一家成功的企业，意味着要构思一个全新的点子，用一些大家从未见过的东西来震撼每个人的头脑。而在追求创意的过程中，一些人认为，如果有人已经做过或创造过某个产品，自己就错过了一个机会。人们总是想填补那些需要填补的漏洞，结果事实是：拓荒者被射杀，移居者变得富有。

你不必成为市场上的开路先锋。是的，尽管早期的拓荒者有更多机会主张自己的权利，但也面临更大的风险。一旦他们发现了黄金或石油，其他人就很容易在他们旁边开店，从邻近的油田开采同样的资源，不需要承担拓荒者的风险或支付拓荒者的成本。在拓荒者开辟出一条道路，完成了所有艰难而危险的工作之后，移居者便来到这个地方。你就要像移居者那样，因为移居者能够从拓荒者的失败与成功中学习经验，以更低的风险和成本快速取得收获。

谷歌并不是第一个搜索引擎。谷歌的创始人发现了别人开创的机会，制作了更好的"捕鼠器"，并且"移居"到那个市场。同样，脸书不是第一个网络社交平台，亚马逊不是第一家在线书店，苹果也不是第一家销售智能手机的公司。

这些成功的公司只是找到了一些有用的东西，一些别人已经率先尝试过的东西，并把它做得更好。而这正是你应该思考的：你想要寻找一个市场，里面的竞争对手都已经取得了成功。也就是说，有证据表明他们在赚钱，尽管他们也有漏洞、缺口，或者也曾错失一些东西，而对你来说，这就是你的机会。

这正是我在 Scrabble® 拼贴首饰市场上发现的——我简直不敢相信，利用这么一款制作得如此糟糕的产品，有的人就能赚到这么多钱。那种人们认为你必须垄断某个市场才能成功的日子已经一去不复返了。你已经预先知道了存在的需求和成功的证据。你需要做

111

的只是把事情干得更好一些，或者干得稍微不同一点，就能拥有一个现成的、可以销售产品与服务的市场。

如何确定自己的创意处于市场竞争的最佳点呢？一个词，广告。你的竞争对手的广告，而不是你的广告。

用谷歌和亚马逊洞察你的竞争对手

环顾一下你想进入的市场，如果你的竞争对手都在市场营销上花钱，那么你就可以预测未来是光明。为什么这么说呢？因为营销是要花钱的。如果竞争对手使用付费广告来推广他们的产品或服务，就意味着他们获取了足够的利润来承担营销费用。如果没有利润，就没人会在很长一段时间内把钱花在付费广告上。尽管这不是一个完美的指示牌，却是表明你选择的市场能否赢利的良好标志。

还记得肖恩·比斯尔和他在养蜂市场上取得的成功吗？几年前，肖恩在一家做搜索引擎优化的公司工作，在此期间他决定自己创业。唯一的问题是，他觉得自己没有任何专业知识，只会做搜索引擎优化，所以他在努力寻找专家进行合作的同时，还对商业创意进行了头脑风暴。

在头脑风暴结束后，他最终对两个备选的利基市场进行了测试：一个是蜂鸟市场，另一个是养蜂市场。从表面上看，这两个市场非常相似。但是，肖恩真正着手研究时，发现了两者之间的巨大差异。蜂鸟市场在网络广告投放上完全没有竞争对手，但养蜂市场却存在竞争。事实上，养蜂市场的广告投放量达到了完美的数字，这就是市场竞争最佳点。

他是怎么发现这一点的？答案是一次简单的测试。寻找市场规模最佳点时，我们使用了谷歌趋势来查看人们在搜索什么，现在，我们将注意力从谷歌转到亚马逊，看看有多少人在用你关注的靶心关键词做在线广告，以评估竞争的激烈程度。

关注竞争对手，能让你了解买家在哪里。而之所以特别关注亚马逊，是因为人们登录谷歌是为了搜索信息，而访问亚马逊是为了花钱。2018 年，亚马逊占据了美国所有在线零售支出的 49%，换句话说，美国人在线消费的每 1 美元中，就有 0.49 美元是在亚马逊网站花出去的。

在访问亚马逊时，你能看到很多企业会为他们正在销售的产品花钱做广告，这个现象在告诉你，这些企业认为在广告上花钱是值得的。换句话说，他们的投资正在获得回报。某人有一本书在亚马逊上出售，并不意味着他一定能从这本书中获得任何利润。但如果他同时花钱在亚马逊上为这本书做广告，那就说明他很可能在售书的生意中赚到了钱。

而且你不仅要寻找广告，还要在亚马逊上寻找竞争对手正在销售专业知识的证据，因为这可能就是你要销售的东西。亚马逊偏向于销售实物产品而非信息产品，所以你可能会在上面发现许多与关键词匹配的非信息类产品的广告。因此，你要特别注意寻找有关销售专业知识的广告，包括图书、电子书、资源指南等产品的广告。

怎样评估你从这一简单测试得出的结果？用出现在亚马逊首页的靶心关键词计算出广告客户的数量。你可以辨别出亚马逊上的哪个产品列表是付费广告，因为亚马逊会标明它是一个赞助条目（见图6-1）。每周甚至每天，亚马逊都会改变页面布局，不断测试新页面的格式和设计。

记住，结果是动态的。所以，你今天看到的结果，很可能明天就不一样了。你甚至需要到处看看才能找到那些赞助条目。从页面的顶部开始浏览至底部，并且一定要在页面中间位置仔细查看，有时赞助条目会被夹在多个非赞助条目之间。

步骤如下：首先，在台式电脑或笔记本电脑的浏览器上访问亚

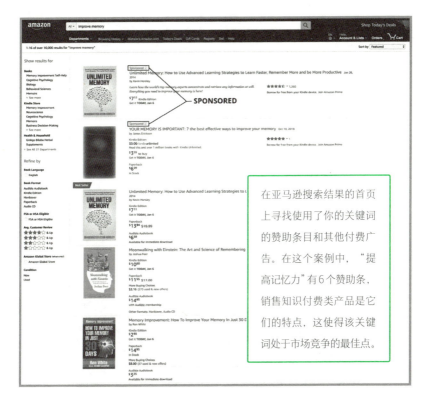

在亚马逊搜索结果的首页上寻找使用了你的关键词的赞助条目和其他付费广告。在这个案例中，"提高记忆力"有6个赞助条，销售知识付费类产品是它们的特点，这使得该关键词处于市场竞争的最佳点。

图 6-1　亚马逊标明的赞助条目，可以此识别付费广告

马逊网站。与谷歌趋势不同的是，亚马逊按照地区和国家对其网站进行本地化处理，我们暂时将美国市场作为全球市场的指标。

接着，将筛选后第一个入围的靶心关键词输入搜索栏，然后按下回车键。最后，浏览赞助条目页面，并记录搜索结果首页上知识付费类产品的数量（见图6-2）。

115

在亚马逊查看那些为推广知识付费类产品和服务而做广告的其他公司，根据它们的数量衡量你要进入的领域在市场中面临的竞争有多激烈。

图 6-2　将靶心关键词输入亚马逊搜索栏，例如"提高记忆力"

注意：本书中的亚马逊网站截图只是每一个页面的部分视图。想获得完整的广告客户数，你需要在自己的设备上向下滚动，看完关键词搜索结果的首页。

做完这些后，回到"绿灯市场选择工作表"。你已经在那里将筛选后入围的靶心关键词写到检查点 2。如果在亚马逊的首页上有 3~7 位广告商使用了你的靶心关键词，那就将其标记为"绿灯"。如果有 1~2 位广告商或 8~9 位广告商使用了你的靶心关键词，那就将其标记为"黄灯"。如果没有广告商，抑或 10 位或更多的广告商使用了你的靶心关键词，就将这个关键词标记为"红灯"。这种分类方法有助于找到合适的竞争者数量，既不太多，也不太少。记住：只看首页，只计算那些为知识付费类产品做广告的竞争对手。

和我们在谷歌趋势上发现的"罗塞塔石碑"靶心关键词一样，上面的这些竞争者数量范围是基于我这么多年的探索得出的。我对自己及我的学员和客户最成功的市场，与我和他们遭遇失败或挣扎过的市场相比，进行了逆向分析，这是一种产品设计技术再现过程，即对一项目标产品进行逆向分析及研究，从而演绎并得出该产品的处理流程、组织结构、功能特性及技术规格等设计要素，以制作出功能相近，但又不完全一样的产品。

在分析了数百个不同的市场之后，我开始清楚地掌握这些市场的趋势和局限。但是，这个过程对我来说是痛苦的，不止一次地让我感到难过，因为我发现自己曾进入过许多失败的市场，那些市场在分析与测试阶段明显遇到了"红灯"。只是我当时没有足够的经验和智慧，不知道应该转向另一个方向。在我了解到了市场竞争最佳点测试的重要性后，确实避开过一些不合适的市场，同时还在这个选择的过程中躲过了很多致命子弹……

所以，一定要在亚马逊上搜索你的每一个靶心关键词，看看结果是什么。你可能会发现，根据谷歌趋势上的市场规模最佳点测试得出的规模相似的市场，其竞争的激烈程度与亚马逊市场竞争测试得出的结果完全不同。

以下是我的客户和学员在走过同样的过程时获得的部分结果。

"家庭酿造"：有很多人在做广告，这些人都在出售某件实体设备或家庭酿造工具包，同时还以撰写手册或提供培训的形式出售关于家庭酿造知识的产品或服务。如果你愿意出售与你的信息捆绑在一起的实体设备，那么这个创意遇到的就是"绿灯"。如果你不愿意这么做，那它遇到的就是"红灯"（见图6-3）。

"学习编码"：有8名客户就学习编码这个话题对图书和其他信息产品做广告。因此，虽然"学习编码"在谷歌趋势上的市场规模最佳点测试中显示的是"绿灯"，但它在亚马逊上的市场竞争最佳点测试中遇到的却是"黄灯"（见图6-4）。

"演示技巧"：亚马逊显示有5个不同的客户在做广告，这表明他们正在赚钱。每位客户都在销售知识付费类产品，因此"演示技巧"

图 6-3 "家庭酿造"市场竞争最佳点测试

在这里遇到的是"绿灯"信号（见图 6-5）。

这个过程可能会帮助你进一步完善自己的关键词。在目前阶段，如果你的关键词遇到"红灯"，你也许就不得不重新做几次测试。

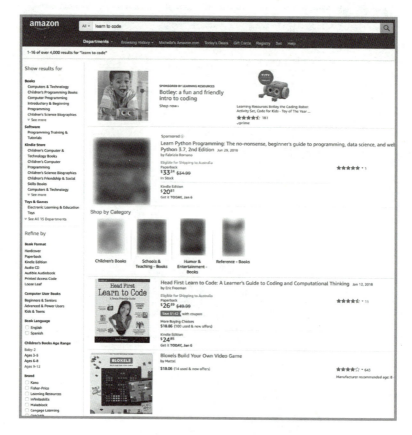

图 6-4 "学习编码"市场竞争最佳点测试

　　我也遇到过几次这样的情况，例如成人礼市场、杀灭跳蚤市场、廉价剪贴簿市场、为手工艺者设计每日漫画以及用剩下来的手工纸制作东方艺术盒。在所有这些市场中，竞争要么太过激烈，要么几乎没有，所以我没有继续下去（见图 6-6）。

图 6-5　"演示技巧"市场竞争最佳点测试

我职业生涯早期最大的失败是进入害虫防控市场。少数几家大公司是这个领域里的主要玩家，个体户只能分享剩下的蛋糕。当时的我没有运用这本书阐述的过程和架构就去开拓这个市场了。如果那时候我就找到了市场选择方程式，那么我一开始就会发现，害虫

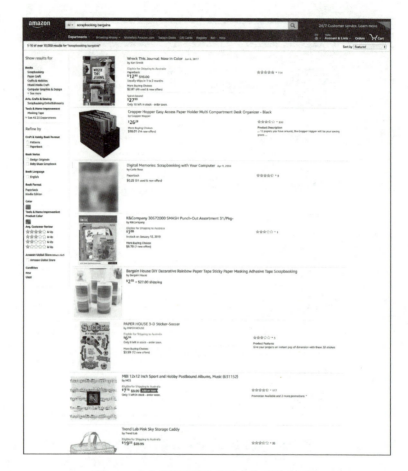

图 6-6 "廉价剪贴簿"市场竞争最佳点测试

防控市场是一个"红灯"市场。假如我知道了这一点，就不会以 7.5 万美元为代价犯下错误，也不会在追求这个创意的过程中浪费了近一年的时间。直到今天，这仍是我职业生涯中最昂贵的一次教训。

在创办照料兰花的公司之前，我一直关注着兰花市场的整体情况。我发现，如果我们试图与拥有巨额资金的大品牌竞争，就会被活活吞掉。这给我们带来了宝贵经验：追求你能够切实实现的目标，而不是你无法实现的目标。比尔·盖茨也许能解决全球范围内的疟疾问题，但你做不到。这没有关系！

数十亿美元的市场需要数十亿美元的预算。我用小额预算开始创办公司时，尝试解决的问题也很小，比如解决如何用 Scrabble® 拼贴制作首饰，而不是如何消灭世界上的饥荒。从解决小问题入手，我可以逐渐进入更大的市场，解决更大的问题。记住，从力所能及的地方开始。

无须挑战强大的对手，填补了空白就是赢家

贝弗莉·耶茨（Beverly Yates）加入反直觉询问法商业培训项目时，是一名自然疗法医师，在旧金山有自己的诊所。虽然她对自己的职业较为满意，但还是想创办一家公司，使自己不至于被捆绑在身体练习这个领域，她想用自己的专业知识影响更多人。

耶茨刚刚开始头脑风暴，就发现很多来找她的女性对自己的减

肥实践感到沮丧。她知道，减肥市场充斥着规模巨大的竞争对手。她接受了自己无法与那些大公司竞争的事实，但仍想知道自己是否能在与减肥有关的利基市场占据一席之地。

我们一起研究了各种不同类型的减肥方法，发现有两类女性反复出现，于是我们决定将她们作为潜在减肥市场的目标消费群体。这两类女性中，一类有注射人绒毛膜促性腺激素（Human Chorionic Gonadotropin，简称 HCG）的需求，这是一种基于激素的治疗方法，女性可凭处方自行注射；另一类是因多囊卵巢综合征（Polycystic Ovary Syndrome，简称 PCOS）导致的体重增加。

亚马逊的测试显示，靶心关键词"多囊卵巢综合征饮食"拥有理想的广告商数量，处于市场竞争最佳点，在谷歌趋势的测试中也处在市场规模最佳点；"人绒毛膜促性腺激素饮食"虽然在谷歌趋势的测试中处于市场规模最佳点，却没能处于亚马逊测试的市场竞争最佳点。

于是，耶茨找准了这个利基市场，开始创业，为患有多囊卵巢综合征的女性提供服务，后来她成了自然疗法领域的领军人物。她还出版了一本畅销书，制作了一条广受欢迎的播客，并多次亮相美国国家公共广播电台、美国公共广播公司、美国有线电视新闻网、美国广播公司和福克斯新闻等媒体，帮助了世界各地的无数女性。她能取得这些成就，都是因为她没有被减肥市场巨头们投下的阴影吓倒，充满信心地找到了一个利基市场，并在其中大力施展自己的才华。

我的另一位客户名叫查德·柯林斯（Chad Collins），他的创业之旅是由竞争开启的。2012 年，他和一位同事在午休时去一个美食广场用餐。他们从自己的座位上一眼望去，可以看到一座像是乐高商店的建筑。他才知道乐高还有专卖店，看到大门上方的标牌上印着醒目的大写字体和红、黄、蓝三原色时，童年的美好回忆涌上了心头。吃完饭后，他坚持要同事陪他到那里看看。

这家商店有一个 PAB 专区。PAB 是乐高专卖店的一种零售方式，你可以尽量把更多的乐高积木放进一个杯子里，然后付钱买下这个杯子。显然，装下的积木越多越好。他装满了整整一杯，带回家送给了 7 岁的女儿，并向女儿介绍了乐高积木。女儿喜欢上了这些积木，开始在 YouTube 上观看其他孩子和家人一起玩积木的视频。

查德的女儿对乐高的兴趣越来越浓厚。她问查德是否可以在 YouTube 上开设一个关于乐高的频道。查德答应了，他们上传的第二段视频是关于如何把某种类型的积木最大限度地放进 PAB 专区的

杯子里。这段视频在乐高爱好者市场引起了轰动，短短几周就获得
5 万次点击量。

只要是有些理智的人，都不会尝试直接与乐高公司竞争，查
德甚至想都没有想过。但当他听说乐高公司在举办一些由铁杆粉丝
参加的活动时，他就想到，如果他和女儿能去，或许还能在他们的
YouTube 频道上再发布一段关于乐高的视频。这样就太棒了。由于
他们居住在费城，那里是乐高公司的全美第五大市场，所以他认为
附近肯定会举办这样的活动，但实际上，最近的活动举办地远在好
几个州以外。这让他发现了新的机会。

他决定自己举办活动，乐高积木节（Brick Fest Live）就此诞生。
将近 2.4 万名乐高迷参加了查德举办的第一届积木节。他想知道这
个创意是不是可以在其他州复制，于是他开始在其他州寻找场馆，
售卖门票，结果同样大获成功。从那以后，他不断发展和完善最初
的创意。今天，乐高积木节是美国最大的乐高巡回盛会，每个周末
都会吸引成千上万的人参加。

我本人就是一位名副其实的成年乐高迷（Adult Fan of LEGO，
简称 AFOL），我人生的一个高光时刻就是在费城举办的最成功的乐
高积木节活动上发表主题演讲，超过 2.5 万名乐高迷参加了那次活动。

我在演讲中分享了自己的成长经历：小时候的我有些害羞，而且行动笨拙，曾在卧室地板上偷偷玩乐高积木。这些从零开始用积木创造世界和建造物体的经历，帮助我在长大后成为一名成功的创业者和公司创始人。

竞争主要通过两种方式发挥作用。由于乐高可以说是世界上最有价值的玩具公司之一，用类似的产品与之竞争，即使这种勇敢的精神值得肯定，这种举动也是不明智的。

和耶茨医生一样，查德没有一开始就被乐高公司的优势吓倒。他是一名创业者，这会促使他跳出思维定式，从这一超级品牌中寻找一些他可以抓住的机会。查德没有和其他州的乐高活动直接竞争，而是填补了它们的空白。他也没有白费力气地跟着其他州举办类似活动，而是在他认为可行的基础上开发创意。乐高积木节就这样诞生了，随着时间的推移，这一活动开始提供其他活动没有的东西，最终成了乐高迷最为青睐的盛会。

我也没有在照料兰花的公司中投入全部激情，但这家公司推动了我朝着继续创业的方向前进，并使我最终怀着全部激情创建了两家公司。这两家公司是反直觉问询法公司和 bucket.io® 软件公司，两家公司的存在都是为了帮助创业者更好地向客户销售产品和提供服务。创业者是这个世界上我最喜欢的人。对某个主题保持冷静，可以让你对创业的过程更加充满激情。

今天，查德拥有一家名为开放世界（Open World）的公司，主要业务是举办大规模的家庭活动，包括最初的乐高积木节、获得微软公司的许可后举办的官方 Minefaire 社区活动、年轻创业者集市以及即将诞生的儿童漫画展。其中，年轻创业者集市是一个以 STEM 学习为核心开展的互动式科学活动。STEM 是科学（Science）、技术（Technology）、工程（Engineering）和数学（Mathematics）的首字母缩写词。

市场竞争中有许多我们可以学到、能够获得、值得珍视的东西。你可以像肖恩一样，将市场竞争作为应当进入哪个市场的指示牌，也可以像耶茨和查德一样，通过了解不能在哪些方面参与竞争并对竞争进行评估，让市场推动你在正确的方向中前行，从而找到完美的长期市场。无论哪种情况，市场竞争最佳点都可能成为你成功路上的某个因素。

此时此刻，通过亚马逊广告测试，你应该已经获得了确定的靶心关键词列表。它给了你多少个"绿灯"信号？你觉得自己有信心继续前进吗？还是认为自己需要退一步重新评估？我希望，你已经通过的两个测试打下了坚实的基础，使你做好了进入最后一组关键测试的准备。它们是你在选择市场和验证商业创意时所需的最后一块缺失的拼图。

5 个市场必备要素，
判断产品能否持续热卖

假设你的靶心关键词已经出色地通过了市场规模最佳点和市场竞争最佳点测试。你现在已经准备好大干一场了，对不对？ 时候还未到，你还需要看一下你瞄准的市场是否具有 5 个必备市场要素。这一步重要到什么地步？可以这么说，假如你考察的潜在市场中不存在以下 5 个要素中的任何一个，就必须把该市场排除在外。

这 5 个市场要素是你瞄准的市场所必须具备的关键属性。拥有了它们，你才会充满信心，相信潜在的商业创意能够真正实现赢利。接下来，我将带你深入研究每一个必备要素，帮助你完善你最想实施的商业创意。

在"绿灯市场选择工作表"上回顾检查点 2，你会看到在市场竞争最佳点的"交通信号灯"右侧有 5 个框，它们分别代表 5 个必备要素。在检查这 5 个要素时，如果你的商业创意符合标准，就在相应的框中打钩。

我在本书前面部分介绍了初级 / 进阶 / 最高阶模型。现在我们快速复习一下这个知识："初级 / 进阶 / 最高阶"是一个以级别为基础的概念，它建议你使用低价产品来创办公司。低价产品是进入市场的低门槛，适合提供给你的所有客户，他们都买得起这种产品或服务，这就是你的初级产品。

一旦客户熟悉了你的业务或品牌，你就可以用更高的价格提供更优质的产品。由于它的价格更贵，所以我们有理由假设不是每个人都会购买这种产品。通常你会发现，你的客户中只有 10% 的人可能会买下它们。这种更优质的产品，就是你的进阶产品。

最后，你可以为那些有意愿并且有能力以最高价格购买超高级产品或服务的客户提供顶级服务。这些产品或服务的价格大约是初级产品的 100 倍。你会发现，通常只有 1% 左右的客户会购买这类产品，它们就是你的最高阶产品。

正如你所看到的，初级 / 进阶 / 最高阶模型既为你的客户提供了逐步提升的产品价值，也为你提供了大量拓展业务的机会。这是一个强大的理念，涉及多个市场必备要素。

市场必备要素 1：常青市场

第一个必备要素是常青市场。在植物学中，常青植物是一年四季都长着绿叶的植物。同样的概念在这里也适用，不管市场季节怎样变换或市场热度如何改变，你正在寻找的市场必须能够不断自我更新。这一概念胜过了谷歌趋势测试引入的"稳定市场"这一概念。在谷歌趋势测试中，"稳定市场"可能会稳定多年，但"常青市场"可以持续数十年而不衰。常青市场具有长久的生命力和持久的价值，不会受到诸如文化变迁、难以预料的经济情况或稍纵即逝的兴趣等外部力量的威胁。与之完全相对的概念则是"狂热一时的市场"。

与常青市场的生命力相反，在狂热一时的市场中，当产品或服务突然冲击市场时有一段短暂的导入期，当产品或服务火速得到市场接受后有一个成长期，当产品或服务达到其市场饱和度时则有一个短暂的成熟期，接下来就是非常剧烈的下滑期，直至完全消失。我们观察市场规模最佳点时，将狂热一时的市场称为下行市场，因为下滑是它们唯一的趋势，而且通常是急剧下滑。

让我们回到 2011 年，当时苹果发布了新款 iPhone 4s。假设你想利用 iPhone 4s 的发展势头赚钱，于是决定围绕 iPhone 4s 的使用诀窍来出售知识付费产品。想象一下，所有人都在寻找一份热门高新科技产品的快速上手教程！你的订单会像潮水般涌来，人们可能会抢疯了。感觉这是个万无一失的商业举动，对不对？但事实是，这一需求将会逐渐减少，因为人人都知道，新版 iPhone 就在眼前，这使你针对目前版本的知识产品或服务变得无关紧要。

为了证明我的观点，让我们看看在 2011 年前后输入 "iPhone 4s 诀窍"，谷歌趋势会显示些什么（见图 7-1）。

如你看到的那样，在 2011 年 9 月之前，这条线是平的，平的，平的。然后，在 iPhone 4s 发布前后出现了一个巨大的尖峰，紧接着就是我亲切命名的"死亡螺旋下降"。这条线在稳定地下滑，不可避

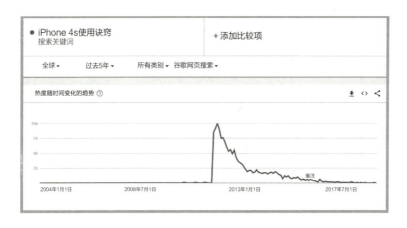

图 7-1 "iPhone 4s 诀窍"谷歌趋势图

免地下滑。如果现在是 2011 年，你会发现 iPhone 4s 的相关需求在大幅增长，于是可能会认为自己找到了目标，但其实你在围绕一个将要螺旋式下行的目标市场创建商业模式，并把许多精力花在了这上面。

类似这种狂热一时的著名市场有豆豆娃、情绪变色戒指、椰菜娃娃、花式沙包和口袋妖怪等，当然，还有我创办的 Scrabble® 拼贴首饰业务。它们都显示了你在选择狂热一时的市场而不是常青市场时会发生什么。我凭借短暂的流行时尚创办了一家成功的企业，但事实证明，从长远来看，这种流行时尚不可持续。我痛苦地了解到，狂热一时的市场会不断升温、升温、升温，然后以急速上升时的速度飞快地崩溃。

"照料兰花"市场就是一个常青市场。我挑选这个市场，其实是对此前经历的直接回应。我知道我需要找到一种永远不会过时的东西，所以我转向了美国历史上最悠久的一项爱好：园艺。经过一番"挖掘"后，我发现，仅仅在美国，每年就有大约 1.17 亿人，或者说 1/3 的人口将大量时间花在园艺上。这让我相信，在园艺领域创业是有意义的。经过所有测试之后，我发现"园艺"这个词太宽泛了，于是选择了"照料兰花"这个词。

如果我们将谷歌趋势中的"iPhone 4s 诀窍"与"照料兰花"进行比较，会看到什么？我们会发现，常青市场有持续的需求，自始至终都能为你赚钱，而狂热一时的市场则不会（见图 7-2）。

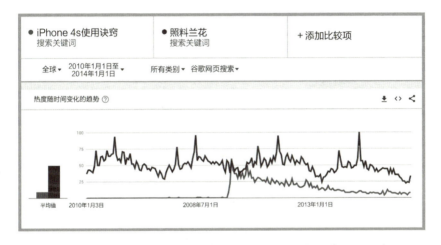

图 7-2 "iPhone 4s 使用诀窍"与"照料兰花"趋势对比图

罗恩·雷克在选择进入训练狗狗如厕的市场时就抓住了这个机会。"照料狗狗"这个市场太大，由于找不到利基市场，我们无法成功地驾驭它，但这正是常青市场的绝佳例子。

狗狗永远不会过时，人们总是会喂养它们，并且总会购买各种产品照料它们。之所以说"常青"，不仅因为狗狗的平均寿命很长，还因为狗的主人往往都会继续养宠物，如果某个毛茸茸的"家人"

135

不幸去世了，主人很可能会从别的地方再买一只。

现在来看看你的靶心关键词。在你经过筛选后的关键词中，哪些创意符合这条标准？随着时间的推移，人们还会对什么东西感兴趣？如果你的商业创意确实符合标准，请自豪地在"常青"这一框格中打钩，并使用谷歌趋势来帮你验证。如果你的创意中没有一条具备常青市场这一必备要素，那么花点时间来进行头脑风暴，看看你应该如何调整创意，以满足这条标准。如果你还是走进了死胡同，请记住，当你需要重新评估你的想法时，可以多次回顾市场选择方程式的步骤。

市场必备要素 2：发烧友市场

第二个必备市场要素叫"发烧友市场"。它描述的是这样一个市场：其中的买家对某样东西非常热情，以至于往往在很长一段时间内仍然反复购买。某些人一生都是某件产品的买家。最典型的例子是古董收藏家、跑车爱好者、吉他手、家庭酿酒业主或兰花爱好者。想一想，你对什么东西充满热情？你在培养这种兴趣上花了多少钱？为了满足这种兴趣，你需要什么样的产品？

　　虽然这一类别的定义极为明显，但要在发烧友市场与问题解决方案市场之间进行区分，这非常重要。发烧友市场可能存在一些急需解决的问题，比如吉他弦旧了或损坏了，但这个问题解决之后，消费者会转向同一市场中的其他产品或领域。具体到与吉他相关的产品时，我们会发现从琴架到吉他加湿器，其范围几乎没有限制。问题解决方案市场是为那些面临某个问题的人准备的，他们的问题得到了解决后，就不想再解决第二次。

　　但要注意这两个市场之间的交界地带。在这些地带，有的市场看起来是问题解决方案市场，但实际上是发烧友市场。以减肥为例，似乎只要肥胖的问题解决了，人们就会继续前进。然而，人们往往会发现自己在这个市场上一待就是很多年。他们会一次又一次地回来，尽管这并非他们的本意。这不仅存在着保持体重的问题，还有些人是摇摆不定的减肥者，完全一时兴起才去减肥，因此在市场上的各种减肥产品上反复花钱。

　　如果你不确定某个利基市场的创意属于发烧友市场还是问题解决方案市场，一个快速辨别的方法是调查一下是否有人专门针对这类目标客户成立了俱乐部，其中的俱乐部成员就是的目标群体。对于那些喜欢兰花的人来说，他们可以找到很多与兰花有关的俱乐部、社团和在线社群。对于那些自己酿造啤酒的人来说，无论住在哪个城市，都能发现有关自制啤酒的协会、俱乐部或行业大会。

创业之初，我在寻找常青市场的时候想到了一条创意：围绕清除跳蚤这件事开展业务，关键词是"杀死跳蚤"（Kill Fleas）。跳蚤一直是个问题，永远不会消失，所以我认为，我的创意是正确的。我可以杀死跳蚤，然后早早退休，而跳蚤则继续在人们的家里和他们毛茸茸的朋友身上肆虐。

但在那个时候，我不明白为什么必须避开问题解决方案市场的陷阱，而清除跳蚤这个创意让我意识到了这个问题，有问题，就需要解决方案。只要人们解决了这个问题，他们会继续前进。我忽略了从发烧友的角度来评估这个创意，那就是没有人对跳蚤感兴趣，绝对没有俱乐部是为跳蚤举办的。

清除跳蚤这一创意属于常青市场，但不是发烧友市场。我所做的一切，都是为了获取客户，如果我在某个发烧友市场上付出同样的努力去争取客户，那么我就可以获得很多长期利益，但在跳蚤清除市场，付出再多精力也是徒劳。

而罗恩·雷克和他的"训练狗狗如厕"的创意则轻松通过了"常青市场"和"发烧友市场"的测试。在不同时期，狗主人对购买各种各样与狗狗相关的产品都很感兴趣，如狗狗玩具、小狗如厕训练、狗狗服从训练、宠物保险、狗狗食品、配套的项圈与皮带、定制的狗狗标签等。

🐾 让我们回到"绿灯市场选择工作表"。你的靶心关键词具有这个必备要素吗？如果仍不确定，问问自己，人们是否会对这个话题充满激情，是否有足够的热情为这个话题花钱？

如果你还是不知道怎么回答这个问题，那就回到头脑风暴阶段，考虑另一些更可行的选择。有时候，你必须先回头，才能前进。这不是失败，而是进步。

市场必备要素3："10000美元问题"

第三个必备市场要素是所谓的"10000美元问题"。进入一个既常青又是发烧友的市场是不够的。你还需要解决一个常青和发烧友市场中的紧迫问题，那就是"10000美元问题"。

"1000美元问题"不是指要花费1000美元来解决某个问题，而是指这是一个具有高痛点的问题。

这个问题是起点，不是终点。你要问的是：某些情况下会变成

"10000 美元问题"的"1000 美元问题"是什么？它们是在某些条件下可能会放大 10 倍的问题，也就是你要解决的问题。

　　总结起来就是，你需要在一个既常青又是发烧友的市场，解决一个价值 10000 美元的问题。

　　现在，要明确一点，我并不是说你解决的问题需要花费 10000 美元，或者你的产品需要卖 10000 美元。这个数字只是一个有代表性的数字，用来说明这是一个大问题：原本只需花费 1000 美元的问题突然变成了 10000 美元的问题，而你不仅要解决这个问题，还要了解问题升级的前后情况。我向学员传授这些知识时，发现举例是阐明这一概念的最佳方式。让我们来看看罗恩·雷克和他对训练狗狗如厕这一利基市场的选择。

　　假设你是一位狗主人，你的狗狗经常在地毯上撒尿。这种事特别让人厌烦，却十分常见。在接受室内训练之前，每只小狗都会在地毯上撒尿，所以每位狗主人都必须面对这个问题。这种情况发生几次之后，很快就变成了一个"1000 美元问题"。但在一定条件下，这个"1000 美元问题"有可能成为一个更严重、更迫切需要解决的问题，即"10000 美元问题"。

　　让我们假设你计划几周后去旅行，而且准备带着狗狗一起去。

仅仅看一眼日历和你预定的航班，你就焦虑不已。你打算做些什么？狗狗每次看到地毯就想撒尿。你知道它可能在机场和飞机上尿尿，到时候你将成为一位抓狂的狗主人，因为你的狗狗也许会把波音 747 当作它的厕所。乘客会抱怨，你会被赶下飞机，你接下来将被终身禁止乘坐任何商用飞机。

更重要的是，狗狗还可能在酒店里小便，而你作为狗主人必须赔偿损失，并在最后被要求离开酒店。你的整个旅行将就此毁掉。曾经的 "1000 美元问题"，现在突然变成了 "10000 美元问题"。这个问题的严重性和现在解决它的紧迫性，瞬间增加了 10 倍。

这不仅是很棘手的问题，还是一个不断升级的问题！这名客户会竭尽全力摆平它。这可是个很要命的问题，需要既快速又直接的解决方案，才能不让客户抓狂，并且让一切都重回正轨，而这类问题就是你要找到的。当客户忍无可忍 "必须做点什么，解决这个问题" 时，你的机会就出现了！

假设你有一颗牙齿需要拔掉，这可能是个 "1000 美元问题"，一个无法逃避的问题，你知道自己必须搞定它。但如果某天早上你一醒来，牙就疼得厉害，让你无法忍受，那么这个原来的 "1000 美元问题" 一夜之间就变成了 "10000 美元问题"。这是一个你会立刻花很多钱去解决的问题，一个使你不再考虑到哪里买打折或最低价商品的问题。你需要别人的帮助，现在就需要。这就是你作为创业者要在你的市场中寻找的东西。

好消息是，你不需要立即想出"10000美元问题"和相应的解决方案。在选择市场时，你只需要知道，哪里存在可能性，潜力就在哪里。我再举一个例子。

喜欢兰花的人将它们买回家。他们不知道如何照料兰花，不了解应该给它浇多少水、保持多大的湿度，以及如何施肥、什么时候施肥等。这些是在他们时间充裕的时候会解决的问题。但如果有一天，他们一觉醒来发现兰花突然枯萎了，那么在照料兰花的市场上，这就相当于迫切需要解决的"10000美元问题"。

这个问题之所以紧迫，是因为消费者不希望他们的植物死去或所有的花朵都枯萎。他们不知道自己是不是养死了兰花，也不知道这是不是正常现象，或是否需要采取一些特殊措施来让兰花重新开花。他们只知道，想要拯救兰花，就必须尽快采取措施。

还记得创建睡眠感知网站的机会型创业者达娜·奥贝尔曼吗？她的企业是另一个解决"10000美元问题"的重要例子。如果你的家里有年幼的宝宝，而且他总是整晚不睡觉，那就意味着你也无法睡好。这就是你想要解决的"1000 美元问题"。

当你第二天要在工作中进行一场重要的演示，而你的孩子彻夜未眠，你也因此没有睡好觉时，这个"1000 美元问题"就变成了一个"10000 美元问题"。整个晚上你都在心神不宁地思前想后，害怕第二天上班时自己看上去像被霜打了一样，把这个星期最重要的一场演示搞砸。"我受够了！"这时候的你就把原本隐藏在幕后的"1000 美元问题"变成了一个迫切需要解决的问题，一个"10000 美元问题"。对这个问题，你会不惜一切代价去解决。

在这些例子中，重要的不是 1000 美元和 10000 美元这些数字，重要的是倍增问题的紧迫性和重要性。同时，你需要放眼长远，明白你提供的解决方案可以在人们最迫切需要的时候用上。

如果你能帮助某个发烧友解决他们急需解决的"10000 美元的问题"，那么你就能成为他们一生值得信赖的顾问，并且像达娜或罗恩一样取得巨大成功。你的客户会把你的故事说给他们所有的朋友听。你将在经过明智选择的市场上拥有一家蓬勃发展的企业，因为它赋予了你扩张业务的能力。

我想为这一必备要素做出的最大提醒是，人们试图推销不那么急需的解决方案，但初级解决方案需要解决的是一个紧急问题。你可能认为"紧急"这个词是主观的，但我在初级／进阶／最高阶模型说过，你需要从自己的初级产品开始。它是你了解人们内心世界的窗口，是你与新客户建立关系的窗口。你的初级产品应当 100% 地聚焦于解决你在市场上发现的"10000 美元问题"。

罗恩的初级产品不是狗狗玩具，而是训练狗狗如厕的教程。他的产品解决了狗主人普遍觉得紧迫的问题：训练狗狗如厕。

复习一下这个部分的市场必备要素，你正在寻找的是"1000 美元问题"，在某些情况下，它会放大成一个"10000 美元问题"。情况的变化导致问题的紧迫性和严重性也随之改变。你正在寻找需要解决某个问题的市场，而在一定的情况下，它很可能转变成更重大、更紧迫的问题。

💲 回到"绿灯市场选择工作表"，看看经过筛选后的靶心关键词列表。这些商业创意是否能够解决某些人生活中的"1000 美元问题"，同时在某些情况下，这个问题是否会变成"10000 美元问题"？

如果是，那么请在这个方框中打钩，然后转到列表里的下一个关键词。如果都不是，那么一切又回到了起点，但此时的你获得了比上次更为有益的领悟。

144

市场必备要素4：将来的问题

第四个市场必备要素是你的客户未来将面临更多问题。你需要在自己的市场中寻找这样的证据：未来你有机会为同一客户解决其他问题，而不仅仅是解决他们当前面临的问题。这是因为，一旦你投入时间解决了客户迫切需要解决的"10000美元问题"，并且让自己成为他们信任的顾问，你将有机会在未来向他们销售更多的产品和服务。这种销售通常是以"初级／进阶／最高阶"的形式出现的。

让我给你们举几个例子。以照料兰花这项业务为例。当人们第一次寻求帮助时，他们通常希望别人帮忙解决几个"10000美元问题"中的一个，包括让兰花重新绽放。如果人们遵循我们在《兰花简易手册》（*Orchids Made Easy*）这本书和DVD中推荐的步骤，他们的兰花必定会重新开花，但随后将面临一系列其他挑战，其中之一就是如何将兰花移植到更大的花盆中。

任何有兰花移植经验的客户都知道这个过程有多烦琐，因此，不使用花盆等容器来种植兰花的方法就显得非常吸引人。因此，我们公司推出了一款"进阶"产品，名为"水培兰花：如何摆脱泥土，仅用纯净水来培育兰花"。这个例子展示了你该如何预见并解决未

145

来的问题。当客户首次专注于解决他们的"10000 美元问题"时，意味着他们尚未遇到未来可能遇到的问题。

再举一个关于兰花的例子。随着人们对兰花的热爱日益加深，他们可能希望将兰花纳入自己的收藏。于是，他们开始将蝴蝶兰、万代兰、金蝶兰或石斛兰等品种带回家种植。每种兰花都有其独特的生长需求和条件，这是人们在带回家第一盆兰花时尚未遇到，但未来可能会面临的问题。因此，我们提供了一套"兰花培育大师"课程，涵盖了各种受欢迎的兰花品种的培育指导。当顾客解决了一个问题后，他们的首次购买将引出一系列未来需要解决的问题，以及其他消费的可能性。如果老客户在未来能继续找你解决新问题，那么你就不用那么努力地寻找新客户了。

有关兰花的商机还远远不止这些！随着人们对兰花的兴趣日益浓厚，为了让人们更好地养护兰花，显然还有许多工作需要完成。对于那些倾向于采用有机方法种植兰花的人，我们启动了一个项目。该项目提供了一些纯天然的替代品，用以替代商业杀虫剂和相关产品。这个项目的名称是："贝亚奶奶的 47 种花园家庭维护措施（Grandma Bea's 47 Garden Home Remedies）"。

我可以沿着这个方向不断前进。有证据显示，兰花爱好者在未来的市场中将面临一系列问题，这将有助于我销售一些帮助他们解决问题的其他产品和服务。这个时候，"进阶"产品就有了其用武之地。

同样的情况也发生在贾马尔·米勒（Jamal Miller）及其妻子娜塔莎身上，他们创办了一家名为"一所大学"（The One University）的公司，帮助有信仰的单身人士找到"生命中的唯一"。

贾马尔在这项业务中发现，在他帮助客户取得成功后，许多人都想知道接下来该怎么做，比如，如何维护婚姻并建立持久、和谐的伴侣关系。这是一个客户在到达他的公司时尚未遇到的问题。由于他和娜塔莎成了客户信赖的顾问，并赢得了他们的忠诚，因此他们能够继续为这些客户提供服务，用产品和服务来解决客户未来可能遇到的问题。

要了解这方面的典型案例，我们可以观察罗恩·雷克的业务。在宠物狗市场中，一旦解决了如厕问题，客户可能还会面临其他无数问题，比如，狗狗咬人、拖着皮带乱跑、乱叫、逃跑或在院子里挖洞等。罗恩在未来还有很多问题需要解决。

你需要找到这样的证据来支持你的创意：在相同的市场中，你能够为相同的客户解决更多的未来问题。在这个市场中，你能够一次又一次地为同一个人解决问题，并赢得终身都保持忠诚的客户。

🐾 是时候重新查看工作表了。观察你的哪些靶心关键词符合"将来的问题"这项标准。当你看着经过几轮筛选后依然没有被剔除的利基市场时，是否发现了一些可以立即解决的问题，同时也发现了一些能在将来为同一名客户解决的问题？检查这份列表，如果你发现自己的一个或多个创意通过了测试，就在"将来的问题"这一项前面打钩。如果没有任何创意通过测试，试着重新思考或改进一下你的创意。

市场必备要素 5：有钱的玩家

第五个也是最后一个市场必备要素是"有钱的玩家"（Players With Money，简称 PWM），这是我在研究已故的加里·哈尔伯特（Gary Halbert）的作品时学到的短语。他被广泛认为是有史以来最卓越的直效广告文案撰写人之一。

每个市场都由不同的细分市场组成，现在的挑战是弄清楚哪些细分市场是重要的。一个可行的方法是，观察它是不是拥有"有钱的玩家"的市场，"有钱的玩家"是指那些愿意在生活的某个领域花费一大笔钱来解决问题或避免重复出现问题的人，或者愿意为某一重要的目标、爱好或个人愿景大笔花钱的人。

"有钱的玩家"这项市场必备要素在许多方面十分重要。第一个也是最明显的一个方面是，你销售的东西需要客户向你付钱，这显然意味着你得瞄准那些有钱消费的客户。第二个方面是，如果你希望实现业务的大幅增长，就必须保证你的市场中有一定比例的核心受众愿意为你提供的最高溢价掏钱。

话虽如此，这里要记住的一个重要细节是，"有钱的玩家"并不需要像传统意义上那么富有。你只需要拿出证据，证明他们愿意把更大比例的金钱投入对他们来说很重要的某个领域。

我在提高记忆力这个市场中的创业经历，最适合说明这项市场必备要素的重要性。我从自己的惨败经历中了解到，"提高记忆力"这个市场并没有很多有钱的玩家。我们名为"火箭记忆"的产品虽然能够产生难以置信的效果，创造了数百个成功的故事，但最终只吸引了那些收入有限或没有收入的学生，他们的目的是提高自己的记忆力，为考试做准备。但大学生或研究生并不在"大把花钱"这个食物链的顶端。仅就客户的数量而言，这个产品为我赢来了创业的旺季，但它最终向我表明，最好的市场必须具备"有钱的玩家"才能实现可持续发展。

在这方面，照料兰花的市场实际上处于中间水平，因为养育兰花是个相对便宜的爱好，只有一小部分"有钱的玩家"。但幸运的是，兰花爱好者往往拥有不同水平的可支配收入，所以我们可以为他们提供其他项目，比如前面提到的视频教程和园艺俱乐部的月度会员资格，这些产品深受消费者欢迎。

说到全是有钱玩家的市场，你的脑海中一定会浮现几个无可争议的选项。在这些市场中，越到后面产品与服务的价格可能就越高，使你能够按照初级 / 进阶 / 最高阶模型推出最贵的产品。你要通过寻找那些客户已经花了钱去购买最高阶产品与服务的证据，来证明这个市场拥有"有钱玩家"，并了解他们在哪些方面花了很多钱。

高尔夫就是一个绝佳例子。人们在这项运动上花费了数额惊人的金钱。除去在一些球场上打一个回合高尔夫的高价收费，这个大市场中也存在着无穷无尽的利基市场。再除去明显的实物产品，如设备、配件和服装等，就知识付费产品而言，也有几十种选择，包括辅导教程、培训课程、每周 / 每月提供会员专属技巧和秘诀以及系列化视频教程。

我的一位客户创办了一家名为"高尔夫革命"（Revolution Golf）的公司，着重在高尔夫教学市场上销售专业知识。这家公司是由几个朋友在酒吧里创建的。他们都热爱高尔夫，决定追随自己内心的激情，于是推出了销售高尔夫教学视频的业务。最后，这家公司成长为销售数十个在线高尔夫教学项目的公司，建立了拥有数万名订阅者的付费会员制体系。短短几年之后，美国全国广播公司就收购了高尔夫革命公司，虽然金额没有公开，但是发薪日支付的数额高达数千万美元。他们的努力获得了巨大回报。

高尔夫球手的收入潜力持续上升，他们经常花钱到世界级的旅游胜地进行高端的高尔夫主题度假，或购买美国职业高尔夫协会锦标赛（PGA Championship）、英国公开赛（British Open）等顶级高尔夫赛事的昂贵门票。如果你想在这个市场上推出最高阶产品或服务，可以参加一些类似美国大师赛（U.S. Masters）的活动。在那些赛事中，你可以带着团队旅行，团队成员可以和球员们亲密接触，或者参加特殊的 VIP 晚宴。

当我们专注于以爱好为中心的利基市场时，投资于这种爱好所需的资金越多，越容易出现有钱的玩家。高尔夫显然就是这样。另一个例子是游艇市场。拥有或租下一艘游艇是一项非常昂贵的爱好，自然会吸引有钱的玩家。与此相反，下国际象棋则是一种低成本的爱好。下棋需要什么？仅需一个棋盘和一套棋子。任何人都可以在公园里免费下棋。尽管你可以提供由大理石、水晶或用稀有木材手工雕刻而成的棋盘，但一位喜欢下棋的客户愿意为高端的棋具支付的价格总是有限的。即使有人愿意花 1000 美元买块高级棋盘，他们也可能只买一次，作为送给自己或别人的礼物。

理想情况下，你肯定希望选择的是一个有钱的玩家占据尽可能多份额的市场，因为这个市场上拥有从你那里购买更高价格产品与服务的最佳客户数量。以宠物狗市场为例。很多养狗人士都是有钱的玩家，他们会为了照顾自己的狗狗不惜一切代价。

尽管一些涉及狗狗的产品或服务听起来很广泛，或者很古怪，但它们能够存在都是因为市场有需求——从有机食品和高端美容，到高档的狗狗水疗和豪华的狗狗旅馆。美国佛罗里达州有一个城堡，为狗狗提供了套房。套房里面有特大号的雪橇床、平板电视、私人夜间服务员、现场的美食厨师、以蓝莓美容为特色的日间水疗中心，还有一个"安抚灵魂、修复身体"的禅宗健康中心。在慕尼黑，一些"狗狗别墅"推出了受过专业训练的狗狗保姆，他们为狗狗提供美容与运动疗法及理疗和健康治疗，后者包含了 90 分钟的治疗，以及随后进行的骨科和神经学分析。

为了抵达那些豪华场所，狗狗们可以乘坐专门为它们及其主人提供的包租飞机。日本航空公司推出了一项狗狗友好服务：只需花15万日元，人们就可以带着他们的狗狗乘坐一架宠物友好型飞机并入住一家宠物友好型酒店。在为期三天的狗狗假期中，主人和狗狗还可以乘坐这家公司提供的交通工具四处观光。

罗恩·雷克选择了宠物狗市场，并知道很多人愿意在网上花100美元购买一份短期的狗狗如厕训练课程。在这个市场上，他知道同样的一些人也愿意购买高价商品，无论是提供特别服务的机票、狗狗的钻石项圈，还是镀金的水碗。

请注意，在描述100美元的在线课程时，我使用了单词"would"，而在提到昂贵的配件时，我使用了单词"could"。could用于描述可能的情况，而would用于描述有可能发生的情况或者过去经常发生的情况。并不是说收入有限的人们不会在一件价值数千美元的物品上挥霍或投资，但选择一个众所周知、人们常常豪掷千金的市场，是"有钱的玩家"市场要素的基本要求。

在我们继续本书的讨论之前，我想重申一下在选择拥有"有钱的玩家"的市场时你所需要的最基本信息。对我来说，最重要的是通过寻找客户购买高端产品与服务的证据，来证明市场中存在"有钱的玩家"。

怎么寻找？回到谷歌，在搜索你的靶心关键词时添加高价商品的名称。对于初学者，可以尝试使用一些流行词汇，如"度假"、"认证"、"策划"、"指导"、"旅游"或"旅行"。如果你输入"家庭酿造度假"，就会看到一些搜索结果出现在你的页面上。这是一个好迹象，说明有人对这个市场感兴趣！如果你试着搜索"家庭酿造研讨会"，就会再次看到几个结果。你还会发现，有的研讨会需要参与者耗费数千美元。这也是一个很好的迹象！

这种简单的谷歌测试有助于你了解市场需求，并帮助你判断你所销售的产品是否合理。你最不愿意做的事情就是选择了一个人们在消费上面临巨大阻力并因此限制了赢利潜力的市场，因此使用谷歌测试的好处就在于避免这种情况的出现。

是时候回到"绿灯市场选择工作表"中的检查点 2 了。要确定你的利基市场是否与第五个市场必备要素相符，就要问一问自己：在你的潜在市场中，是否存在有钱的玩家，能够购买你的高价商品？确定这些商品或机会是什么，并不是这里的问题，问题只在于它们是否存在。

在此，我想最后一次探讨初级／进阶／最高阶产品模型是如何应用于这些要素的。

"10000 美元问题"与你的初级产品相对应。这一切都与在发烧友市场解决某个紧迫的问题有关。你的进阶产品是为同一市场的同一群客户解决将来的问题。最后，有钱的玩家才是你的最高阶产品所瞄准的客户群体。你要确认你的市场中是否存在舍得大把花钱的玩家，然后及时为他们提供相应的最高阶产品或服务。

到目前为止，你所有的靶心关键词已经接受了 5 个市场必备要素的测试。你已将你的利基市场创意与可能的创业成功标准进行了比较。你的列表看起来是怎样的？在审查你的创意时，这 5 个要素都被勾选了吗？

值得注意的是，如果这 5 个要素你都没有勾选，这并不意味你的创意没有价值必须完全摒弃。但这确实意味着，你要了解这个点子缺少了什么特别的必备要素，并且考虑如何以不同的方式定位，使之满足每一项标准。

你也许不得不做一些研究，更具创造性地思考自己的创意方案，或从其他行业获得一些灵感。如果你仍然找不到能同时满足 5 个市场必备要素要求的成功市场，就重新回到市场规模或市场竞争的步骤，找出其他处于最佳点、具备所有 5 个市场必备要素的创意。如果你仍然不能根据每个要素找出一个符合要求的创意，那就回到头脑风暴阶段，重新开始市场选择的过程。我的一些学员返回第一阶段的次数比他们愿意承认的还要多。我自己在经历这个过程时的情况也与他们相似。

记住，这是你作为一名创业者最重要的决定：你打算为哪些人服务？打算进入怎样的市场？在这里花时间是值得的，并且由于你付出时间从各个角度审视你的创意，剔除那些无法带来利润的市场，你未来的企业会变得更好。想办法找出最严密、最强大的商业创意，这样一来，你就会增加成功的可能性。

你准备好进入最后一个阶段了吗？让我们用一个领先的创意继续前进。

市场选择进度

你刚刚完成了市场选择流程中的第二阶段！这里是对你目前的进展所做的简要总结：

第一阶段　头脑风暴

- 第 1 步　商业模式头脑风暴
- 第 2 步　市场头脑风暴
- 第 3 步　商业创意头脑风暴

第二阶段　测试

- 第 4 步　靶心关键词
- 第 5 步　市场规模最佳点
- 第 6 步　市场竞争最佳点
- 第 7 步　市场必备要素

第三阶段　选择

- 第 8 步　选择你的市场
- 第 9 步　反直觉询问

CH**O**SE

第 三 阶 段

选择你的市场，启动低风险创业

　　进入市场意味着风险，但你的风险已降至最低点。
你已经审视了潜在的市场，并且发现了一个或多个能
够帮你取得成功的选项。你无需在错误的市场上浪费
自己的时间和努力，只需在正确的市场上将赌注押在
自己身上。

CHOOSE

不管了，就这么干。

结局，确切地说，创业的开始，已近在咫尺。这是本书的最后部分，但无疑是一段激动人心的创业之旅的开端。你已经应用了市场选择方程式，这就意味着你投入了时间、精力、耐心、勤奋、想象力和研究精神来审视你的创意，并且确定了一个有望成功的理想的市场。

来吧，是时候勇敢地跳入水中了，希望这一次你的感觉不像以前那么危险。如果你还是觉得有点不舒服，那就提醒自己，最可怕的时刻总是在开始前的那一瞬——在你背起降落伞准备跳下飞机、站在台边准备走上舞台、站在起跑线前等待发令枪的那一瞬间。

你已经完成了大量基础工作，才到达了现在的位置，那些工作将你引向了这个关键时刻。

现在，你要拿起"绿灯市场选择工作表"。在浏览每一项市场必备要素时，如果你发现每个关键词具备了各自的特质，就应当在工作表的相应方框内打钩。如果这一步已经完成，现在就可以确定每个关键词遇到的是"红灯""黄灯"还是"绿灯"信号。

任何只具备 3 个或更少市场必备要素的靶心关键词，意味着这个创意遇到的就是"红灯"信号；如果某个创意具备 4 个市场必备要素，那么它遇到的就是"黄灯"信号；如果你的一个或多个创意具备了所有 5 个市场必备要素，那它遇到的就是"绿灯"信号。

现在，你要正式地将所有信息综合起来。以在检查点 2 的测试中都遭遇"黄灯"或"绿灯"信号的靶心关键词为例，它们既通过了市场竞争最佳点测试，又通过了 5 个市场必备要素的测试。此时，将它们添加到工作表底部检查点 3 的靶心关键词列表中，在这个选择市场的最终阶段，你将最后使用"红灯""黄灯""绿灯"信号来评估你的市场。

如何在检查点 3 为你的创意标记最终的"红灯"、"黄灯"或"绿灯"信号？在检查点 2 的测试，也就是市场竞争最佳点和 5 个市场必备要素中，最低值决定了你的整体市场测试结果。比如，如果你的某个关键词的市场竞争最佳点测试结果标注的是"绿灯"，而 5 个市场必备要素测试的结果是"黄灯",那么,该关键词的整体市场测试结果就是"黄灯",因为这个信号是两个结果中最差的那个。

继续前进,计算你此刻在检查点 3 看到的结果。

这一结果怎么样?

现在,你得到了经过多轮筛选的靶心关键词最终列表,正式将一只脚踏进了选择市场的大门。

此时此刻,你可能会产生一系列情绪。比如,确切地知道自己将选择哪个创意,或者不确定这些创意中哪一个才是自己想实践的,又或者,你觉得自己知道应该选择哪一个创意,而且已经明白很长时间了,但这一选择会把你吓得不轻。也有可能,你甚至产生了上述所有情绪!

这是正常的。你已经经历了多次测试,可能提出了许多商业创意和关键词,并且在各种创意遇到"红灯"信号时也多次进行重复测试。你一次又一次地鼓起勇气继续下去,所有这一切,把你带到了这个时刻。就在这里,就在此刻。

在本书接下来的部分中,你将选择自己的市场。

第 **8** 步

尽管内心恐惧，也要做出选择

　　围绕你即将做出的决定，我想与你展开一次开放而坦诚的对话。首先，我们得承认，选择市场并非像挑选酸奶口味那样简单，这个决定将在你的生活里掀起不小的波澜。意识到这一点，你的内心可能会激起一些与挑选酸奶截然不同的深刻情感。

　　在创业领域，我们通常不愿过多讨论这个话题，因为这似乎在邀请别人关注自己，或承认自己的不足。然而，创业本身就是一个充满情感的过程。在你为选择市场做出重大决策时，我不希望低估情感在你决策过程中的作用。

　　一方面，你的内心可能充满了希望。未来的种种可能性或许会对你的创业之路产生深远的影响，无论是实现财务自由、成为自己的老板、与世界分享你的创意，还是所有这些愿望的集合。当你完成市场选择的过程，你会发现，与一直以来对人生下一阶段的憧憬相比，选择市场所花费的时间简直是微不足道。

另一方面，你可能会感到恐惧。我们的恐惧各有不同，原因也各有千秋。有些恐惧是完全合理的：我们不想变得一无所有，不想破坏我们的家庭、影响孩子的生活或伤害我们的自尊。我们不想失去已经拥有的美好事物。简而言之，创业伴随着风险，这是不容置疑的事实。

"你这一生只需要两样东西：勇气和毅力"

多年来，我积累的人生经验告诉我，你最害怕做的事，往往是你最需要做的事。我的父母没有上过大学，他们是各自家庭中第一个完成高中教育的人。他们无法传授我太多关于商业的知识，也无法保证我在大学及以后的日子里出类拔萃。但他们留给我的一句话，已经深深地烙印在我的内心。我父母常说："瑞安，你这一生只需要两样东西：勇气和毅力。"

我一生都在按照他们的话行事。更准确地说，我一直坚守着这一建议。还记得第一天进入布朗大学的情景，那天我遇到了来自全国最好的预科学校的学生。住在我对面宿舍里的那个家伙，可以说是由几个法国女佣帮他搬进宿舍的。我所思考的问题都是，我在这里做什么？我要怎样在这个世界上生存？

高中时期，我读的是一家位于工薪阶层社区的公立学校，从那里进入常青藤盟校的学生寥寥无几。从小到大，我一直同时兼职几份工作。第一天来到布朗大学上课，我是如此不知所措、胆战心惊，以至于晚上没有睡着觉，整夜都伏在枕头上哭泣。

创业者的成功并不完全与毫无畏惧有关。你即将做出重要决定，这自然会引发许多恐惧和担忧。我要把我对两个儿子亨利和布拉德利说过的话告诉你：勇气指的是，尽管内心害怕，也要采取行动。这正是勇气的全部。

现在的我当然会这么说，但刚来到大学的时候，我几乎被自己的不安全感打倒。我以为勇气就是等到宿舍熄灯后痛哭一场。我屈服于自己的恐惧，每次失败都好比让自己爬进一个洞里，感觉那里就像是一个安稳的避难所。父母关于勇气的第二条建议在这里发挥了作用：毅力，意味着你要不断从洞里爬出来。

上高中前的那个暑假，我被暑期青少年音乐学校（Summer Youth Music School）录取了，这是一个为"天才"音乐家举办的地区性音乐项目。对我来说，这是一次不可思议的机会。我觉得自己是这个世界上最酷的人。我收拾好行囊，准备迎接人生中最精彩的一个夏天。

但刚到那里，我就意识到，我是整个项目中最没有天赋的孩子。说这些话的时候，我是认真的。我不停地给父母打电话，对他们说："来接我吧。我成不了音乐家。我想回家。"但父母却不同意，他们的着眼点在于塑造我的性格。

到了暑假快结束时，音乐学校为所有家长举办了一场音乐会。所有学生必须组成一个大型管弦乐队并在其中演奏，除此之外我们每个人都还要表演独奏。由于我学习了钢琴和萨克斯管两种乐器，所以不得不独奏两首曲目。结果，我不仅是整个活动中钢琴弹得最差的学生，也是萨克斯吹奏得最差的人。当时我不得不站起来，一个人走上舞台表演。与此同时，我或多或少地患上了恐慌症，饱受极度的恐惧感和羞辱感的折磨，而且还要体验两次这样的经历。

我真希望自己能告诉你，这个故事有个快乐的结局，但真相不是这样的。我的两首独奏都糟透了，两首曲目几乎都没有演奏完。老师和同学们的脸上流露出的怜悯之情显而易见，我拾起剩下的自尊，数着时间，一直到音乐会结束，这样我就可以回家了。

走下舞台后，我跑向父母，妈妈对我说："我们为你感到骄傲！你觉得怎么样？"我看着她，就像看着一个怪物。

我说道："可怕，我觉得真可怕。"

爸爸接着我的话说："那你就想象一下，如果你放弃了，你的感觉会有多糟。"

这些话在很长一段时间里一直萦绕在我的心头。

几年后，我 18 岁了。那时的我当上了高中足球队队长，受邀参加了一次英超球队选拔赛，那次比赛以发展奥林匹克运动为目的。此前我已经踢了数年竞技足球，所以我抓住了这个机会，并在经过三轮筛选之后进入球队。

在我们踢的第一场比赛中，我整场都坐在板凳上。这样的事情第一次在我的生命中发生。我原本以为这只是由于教练忽视了我，但在第二场和第三场比赛中，我仍旧在替补席上坐着。

在接下来的 15 场比赛中，我仍然没有离开替补席。教练甚至没有在任何一场比赛中让我上场一分钟。这让我产生了与我在暑期青少年音乐学校十分相似的感觉。我从小池塘里的大鱼，变成了汪洋大海里的小鱼；从低水平中最好的学生，变成了高水平中最差的那个人。

我知道，抓住了一个机会，结果却摔得鼻青脸肿，是一件多么可怕的事情。我理解那种为一个全新的机会而兴奋却没有取得成功的感觉。但不要放弃，不要因为失败的恐惧而跑下舞台或球场，让一开始的努力白白浪费。

有些人正好和你一样，也处在创业中的这一阶段。我从他们口中听到的大多数问题都围绕着恐惧和失败。如果一切突然变糟了，我该怎么办？或者更可怕的是，我的企业永远无法顺利起航，我是否应该继续做好自己的日常工作？我能马上获得成功吗？尽管很想抑制他们的焦虑，但我不得不告诉他们，作为一名创业者，唯一确定的事情就是生活在不确定之中。这是一个不可否认的事实，只是没有足够多的创业者去传播这个真相。

创业有风险，但你的风险已经降至最低点

从事一份发放固定工资的工作，每个月领取薪水，是一种确定性；下班打卡，晚上不把工作带回家，也是一种确定性。如果你在寻找确定性，我希望我能百分之百地告诉你，你不会失败，但事实是，你也可能失败。

好消息是，从市场的角度来看，你已经尽量降低了风险。你审视了潜在市场，并且发现了一个或多个能够帮助你取得成功的领域。不过，现在就做出选择，然后开始创业，仍然是一次冒险。但这次的赌注不同了，你不必将自己的时间和辛苦赚来的血汗钱投入狂热一时的最新市场中。你现在赌的是你自己。我要告诉你的是，当年我面临和你现在一样的处境时，多么希望有人能够告诉我：没有什么比将赌注押在自己身上更好的了。这也是我从我的朋友斯图·麦克拉伦（Stu McLaren）那里学到的东西。所以，无论你选择哪个市场，最重要的是选择你自己。

每当我和创业者们谈论不确定性和失败时，我发现自己总是小心翼翼地，要么鼓励他们，要么发表免责声明。我想让他们做好最坏的打算，但也给他们满怀希望的理由。事实上，创业这个行当带来的不确定性让我感觉不舒服。甚至可以说，我其实是一名厌恶风险的创业者。如果你听到我这么说而感到惊讶，我能理解。从你的角度看，我赌赢的次数比赌输的次数多，但我也曾花费数年时间想方设法地战胜这个职业每天带给我的威胁。

人们来参加我的课程，听我满怀信心地讲述如何避开创业中的常见陷阱，但他们可能想不到，我之所以能够总结出方法，是因为害怕不确定性。有时候我对不确定性怕得要死。我制定这些策略，只是为了帮助自己尽可能降低风险。对我来说，克服达不到标准的长期恐惧，唯一的解药就是不断地追求精益求精。

为了创办几乎能够 100% 取得成功的新企业，精益求精是其中的秘诀。一旦我发现自己做对了，就会不遗余力地重复测试这些方法，再把它们分享给同样雄心勃勃、干劲十足但有时也会因为害怕失败而退缩的创业者。

我降低风险的冲动是与生俱来的。在我成长的过程中，我做每件事都要比别人做得多一些，因为我觉得，这样就能在某种程度上保证我不会做得比别人差。我会毫不犹豫地剔除那些会带来失败的选择，我不能放弃追求卓越。

我小时候没有多少钱，很少出去吃饭，也从未奢华地度假。我们家生活拮据，家人总是在说我们没有足够的钱买东西。当我父母谈起这样的事情时，他们总是实事求是。他们没有故意把经济压力转移到我身上，只是试图解释我们一家人当时的处境，并且对我们的生活设置合理的期望。

但这种压力还是转移了。为了摆脱拮据，我从事各种工作，既是因为家里总是缺钱，我想为这个家做点贡献，也是因为我的父母用自己的职业道德树立了优秀的榜样。我的爸爸是夜班工人，妈妈是一位理发师。妈妈在我们家的地下室开设了一间美容院。她每天早早起床，迎接下班回家的爸爸；然后在清晨 5 点开始接待客户，客户主要是年龄较大的女教师，她们希望在上学前把头发打理好。她起床后会叫醒我和妹妹，因为我们必须做所有的家务。

我们在新罕布什尔州长大，那里的冬天很难熬。太阳还没有升起，父母就会让我们和他们一同去铲雪，包括车道、门廊，甚至屋顶的雪，因为在冰雪的重压下，屋顶可能发生塌陷。不铲雪的时候，我们就把树叶、堆木柴，给花园和花坛除草，或者修剪草坪。我们还要负责打扫房间的灰尘、擦窗户或洗碗。

这只是学年的日常安排。到了暑假，我们的生活会更忙碌。从 5 月至 8 月，我和妹妹每天必须做 4 小时家务，完成 1 小时阅读，然后才能玩耍。但我一点也不怨恨这种生活。我不断充实着自己的时间，似乎做得越多，就越有价值。

到了小学四年级，我迷上了拼字比赛。当我打败班上其他四年级学生时，我就开始出去参赛了。接下来，我与全校同学比赛。在击败了所有五年级、六年级、七年级和八年级的学生后，我又代表学校参加州锦标赛。那时我九岁，却要与十几岁的孩子们比赛。我

171

学习得十分努力：手里拿着一本小册子，里面记着所有单词，每天晚上，爸爸都会和我一起练习数小时拼写。这还远远不够，晚上父母为我盖好了被子，跟我道了晚安之后，我还会拿着手电筒，坐在被窝里翻看这本小册子，直到眼皮睁不开为止。

当我登上州冠军赛的舞台时，我哽咽了。我在第三轮把"sandal（凉鞋）"这个单词拼错了。直到今天，这个词仍然萦绕在我心头。我成功地拼写出了"perspicacity（洞察力）"和"cerulean（蔚蓝色）"这样的单词。但我把"凉鞋"拼错了，这是个很简单的词。

在高中，我几乎什么都做，踢足球、参加乐队、参加田径、表演戏剧、担任学校董事会的学生代表和我们班上的会计。我一大早就到学校，等完成足球练习、田径练习、戏剧或爵士乐队的表演时，回到家已经很晚了。我很晚才会吃晚餐，再一直熬夜，做大学预修课程的作业，直到爸爸醒来去上班，或者下班回家。

在高中的后半段，我向布朗大学递交了提前录取申请。有的大学提供这种录取方式，布朗大学就是其中之一，你可以在那里提前申请入学，以便提前获得录取通知书。这又是降低风险的做法。

在我就读的高中，当其他学生到第二年4月份才知道他们自己会上什么样的大学时，我在当年的11月就知道了自己的命运。当然，我提前向布朗大学递交申请的真正原因是我无法递交自己的哈佛大学申请。那张申请表其实已经填好，我也准备了相关资料，但一想到自己可能无法被哈佛大学录取，我就害怕了，因此我向布朗大学提出了申请。这样一来，如果我被布朗大学录取，那么我就根本不用申请哈佛了。布朗大学录取我，我不会产生任何损失。由于我被录取了，哈佛永远不会有机会拒绝我。

赢在心态：有波折，才会有浪花

多年来，我一直在冒险与降低风险之间游走。一方面，由于我知道自己仍然无法达到要求，因此我需要承担的风险就是所做的艰苦努力可能会白白浪费，但同时我又依靠自己的专业技能，想方设法尽可能降低这种风险。到最后，谢天谢地，我终于学会了怎样合理地冒险，并研究出了市场选择方程式。

在我还没有给市场选择方程式想好名字的时候，或者说，在这种方法被大众接受之前的很长一段时间，我多次尝试运用它。我曾经把自己所有的筹码都放进一个篮子里，并以此来检验这种方法。在对这些方法进行尝试期间，我对自己的创意做了严格评估，只有当数据得到验证并且获得"绿灯"信号时，我才会继续前进。

如果你长期从事商业或者有过创业的经历，你一定会发现，大多数收入达到七位数、八位数，甚至是九位数的富人都曾经历过只吃得起泡面的经历，有的人甚至好几个月都只能吃泡面。著名脱口秀节目主持人奥普拉·温弗瑞（Oprah Winfrey）、亿万富翁约翰·保罗·德约里尔（John Paul DeJoria）、甲骨文公司首席执行官拉里·埃里森（Larry Ellison）及星巴克董事会主席兼首席执行官霍华德·舒尔茨（Howard Schultz），都曾有过这样的经历。

那些没有奋斗过的人会为此感到沮丧吗？似乎为了拥有美好的生活就必须先破产？经历这样的艰苦奋斗是很有帮助的，至少绝望可以是学会谦卑最好的一课；当你需要一些动力时，你可以回首过去的窘境。但是，真的有必要如此吗？为了从优秀走向卓越，你一定要去吃泡面吗？

一位导师告诉我，如果我重新树立自己的观察视角，那么即使处于一艘正在下沉的船（船上写着：恐慌！企业即将破产），我也不会觉得一切都是灾难了。这些话的意思相当明显，但我还是让她为我解释一下。

她说："这完全取决于你怎么想。如果你能不计较得失，那么你所经历的岂不就是要么赢，要么学习了吗？那样一来，无论结果是什么，你都不会觉得自己失败了。"

这种观念永远地改变了我的看法。

想想看，如果你把每件事都想象成实验，那么对你来说，重要的就是试验、分析和改进。如果一个方法没能奏效，你还可以转个身，用其他变量做实验。创业的过程与学习有关，即使在某些情况下你学到的唯一东西就是谦卑。

明确地说，我并非暗示你要在商业中轻率地冒险，和试图最小化创业风险。据我所知，如果你把全部鸡蛋放在同一个篮子，一旦篮子被打翻了，你遭受的损失可能会让你感觉它们是你的一切（或实际上就是一切），甚至更多。我只是在说，如果你重新审视自己对创业的看法，可能就不会觉得失败是很严重的事情了。

你要么赢，要么学习经验。

接受这一观点之后，我立刻从必须做好事情的压力中解放出来。由于我允许自己失败，因此等到真的失败的时候，我就不必认为自己在经历一场灾难。我曾说过做事要有勇气和毅力，正是勇气和毅力给了我从容面对失败的能力，使我更容易走出失败的阴影。

如果我们重点关注过程，就不会受到结果的束缚。事实是，由于结果与商业有关，我们几乎无法控制人们是否为我们的产品或服务付费。我们可以影响结果，但无法控制它们。我发现，当不受结果的束缚而专注于创业过程时，好的结果才会真正到来。这也许与直觉相反。

为你的企业树立远大目标和确立美好前景固然是很好的，但是我还了解到，成功的秘诀是把所有的事情都一一罗列出来，然后在一定程度上忘记它们。你不能将所有的精力都用来担心自己不会成功，相反，你应该集中精力走好每一步，你应该重点关注过程。

提醒自己，创业的初衷是什么

中国有句古话，"千里之行，始于足下"。在商界，第一步就是选择你的市场。为了把事情做对，你已经付出了百倍努力。你显然希望自己的创业之旅有一个坚实的基础。接下来将是一段跌宕起伏、兴衰交替的时期，但有时它又平稳得看似毫无进展。在这种情况下，你的视角将决定你前进的速度。最后，你需要提醒自己最初为什么要创业。当这些理由变得足够强大时，无论前方的道路看起来多么艰难，你都能忍受。

从公众的角度看，克里斯蒂·肯尼迪为了回应校园欺凌问题，创办了蜜蜂友好训练营。在这个项目最初的测试阶段，校园欺凌正逐渐演变成全国性的严重问题。因此，她的事业要求她对不断升级的需求做出适当的回应。然而，但你我都知道，她所采取的行动全都是为了自己的儿子。因为克里斯蒂的儿子是校园欺凌的受害者，所以她也参与了应对欺凌的运动。

但这并非一般性参与，而是深度参与。克里斯蒂知道，欺负她儿子的孩子，也可能成为欺凌的受害者。她明白欺凌是一个恶性循环，它通常是从模仿他人的行为开始的。

她是如何得知这些的？

她的儿子在学校受到欺负，同时，她发现她已经分居的丈夫在年轻时也曾遭受过严重的欺凌。虽然这并不能使她原谅丈夫的行为，却能帮助她对欺凌的后果做出更深刻的解释。克里斯蒂由此意识到，受人欺凌可能对人们产生怎样的长期影响，也理解他们长大成人后，这种经历对他们意味着什么。

情况变得越来越糟，以至在和丈夫离婚后，克里斯蒂做出了一个痛苦的决定：为了自己的理想不再结婚。为了保护自己的孩子，她放弃了"舒适"的生活，一切从零开始。

她必须竭尽全力对欺凌进行干预。这不仅与她自己、她的儿子和其他孩子有关。她必须代表每一个孩子，因为别人的恶意可能会决定这些孩子成为什么样的人。

创业的原因当然不必像克里斯蒂这般英雄主义。关键在于，渴望成功并不会造就一个成功的创业者。那么，对成功的渴望之下隐藏着什么？

当查理·华莱士推出他的吉他大师教程时，他当然需要钱。他创业的理由很可能是为了实现成为摇滚明星的宏伟梦想，并且成为富翁。但事实是，每次查理和他的乐队一起弹吉他时，他都感到活力四射。他无法想象如果没有音乐，他该怎么办。同时，一想到还有成千上万的人没有机会培养自己对音乐的热爱，他就感到无比心焦。

激发他人的热情，对查理来说是终生目标，但在他选择市场和创办企业的背后，还有另一股驱动力。一次，查理跟父亲乘坐国际航班时父亲突发中风。他住进了医院，身体几乎失去了一半活动能力。他接受了几个月的康复治疗，在那段时间里，他没有把精力集中在康复上，而是焦急地想要知道自己什么时候能回去工作，因为他们的生活太拮据了。

父亲生病的时候正是查理开始创办公司的时候。经过几个月的艰苦努力，他的公司取得了一定成功。于是他拿起电话，打给父亲，说道："爸爸，你可以辞去你的工作，一生都不必上班了。你再也不用担心钱的问题了。现在轮到我照顾你。"

查理的创业理由有两个：一是为了追求自己的梦想，二是为了照顾好自己爱的人。他的公司让他获得了经济上的成功，并且成了一个受人尊敬的品牌。查理也因此跻身《创业者》杂志"30 岁以下创业者"的前 10 名。他最初的意图为他带来了不可思议的美好礼物。

还记得罗伯特·托雷斯吗？他在房地产销售领域的工作经历最终让他踏上了创办"人与房地产学院"的道路。回忆一下第三个步骤，罗伯特的"我想……"宣言是这样的："我想帮助房地产经纪人转换销售线索。"人们认为这一点合情合理，自以为他们知道罗伯特为什么选择这一创业方向，但他们大错特错了。

罗伯特出生在墨西哥哈利斯科州的瓜达拉哈拉市。他还是个小男孩的时候，他的母亲便坚定地认为，移民美国能够为罗伯特提供更好的生活，并且发誓要做到这一点。后来她发现，办理签证的手续十分烦琐，有可能破坏她和儿子的移民计划。于是，罗伯特和母亲在雷达的监视下用虚假身份进入了美国。

这当然会产生一些后果，但当时的罗伯特无法看到也无法预料到会产生什么后果。事实上，罗伯特根本不知道自己是非法进入美国的，直到"9·11"恐怖袭击之后。那时，他决定加入海军陆战队，但征兵人员要求他提供自己的社会保险号，可是他并不知道号码，于是他打电话询问母亲，结果发现自己没有社保号。由于他不在美国出生，因此不能参军；同时他也发现，不能参军只是他所面临的一个小问题。

他没有社会保险的记录，这带来了一系列的问题。其中最直接的一个后果是，他无法前往各个公司应聘。由于没有合法文件证明他是谁，因此谁都不能雇用他。也就在那时，他下定决心成为一名创业者。如果别人不能为他提供工作，那么他就自己创业。他知道自己是一个多么努力的员工，也知道自己有能力创造有价值的东西。《梦想法案》（*Dream Act*）[①]通过后，罗伯特开始申请成为美国永久居民。他选择了一个市场，创办了两家不同的企业，现在已为妻子和女儿创造了自己没有享受过的生活。

你想追求什么？你创业的原因是什么？你开启创业之旅，是为了获得更多金钱、赞誉、朋友，还是为了赢得更加充实的人生？又

---

① 最初于 2001 年提交给美国国会审议的议案，旨在为那些在 16 岁之前随父母非法入境美国，并在美国连续居住至少 5 年且无犯罪记录的非法移民提供一条入籍途径。——译者注

或者是为了获得自由，影响他人，并且留下你的传奇？

30 岁那年，我得到了一份礼物。在我第一个儿子亨利出生后不久，我的体重开始出乎意料地下降，并且时刻感觉很累。我把这些变化归因于我既要做个新手爸爸，还要努力经营公司，不得不熬夜。妻子泰勒妮让我申请人寿保险，以防万一，然而我最后看到的结果却是保险公司拒绝了我的投保申请，理由是血液测试结果超标。第二天，我去看医生，医生迅速将我送往急诊室，并且告诉我，从我的血液测试结果来看，我本应处于昏迷状态。急诊室的医生不敢相信我还清醒，还能正常工作。

很快，我发现自己的肾脏衰竭了，肝脏衰竭了，胰腺也停止了工作。原来我患了 I 型糖尿病。在此之前，我没有被诊断出这一疾病，如今我陷入了一种被称为糖尿病酮症酸中毒的状态——我快要死了。在接下来的 10 天里，我在重症监护室里紧紧抓住生命不放。从那次经历中，我意识到，我们谁都不能保证拥有明天。再没有什么比面对死亡更能让你明确目标了。今天，我一想到自己的生活，一想到我的两个儿子亨利和布拉德利，就非常感恩有机会成为他们的父亲。对我来说，这就是生活的全部。

那次住院经历成了我提出反直觉询问法和市场选择方程式的催

化剂，也促使我将人生的关注焦点转向为其他创业者提供我的宝贵经验：如何创立和发展成功的企业，以及如何在创业的每一步中尽可能降低风险。

大约在同一时间，我的观念发生了转变：我树立了"要么赢，要么学习"的心态，而不是传统的"非赢即输"的心态。这两个变化的最终结果从根本上改变了我的人生轨迹。

其实，我的真正目标是在创业中获得快乐，也就是享受创业的过程。你能把多少天连成一串，真正享受它们？在我看来，真正地享受生活，意味着绝不仅仅设定一个目的地。享受生活是一种在路上的感觉，而不是到达目的地的感觉。这是对快乐的一种预期，也是处于恒定运动中的状态。

设定目标，明确你的愿景，然后专注于过程。在你向市场投放产品的过程中，你也在为自己投放产品，也就是说，你要思考自己能够实现什么。

你已经采取了市场选择方程式的所有步骤，现在的你得到了一个商业创意，它能够成为任何你想要的东西。

现在，你来到了人生中的一个重要时刻。

是时候做出选择了。

你拥有了你需要的全部信息。你准备好了。你知道从这里得到的只有两种结果：要么赢，要么学习。这两个结果都是真正的胜利。现在只剩下一件事要做，那就是"选择"。

你希望你的企业是什么样的？为什么？你想追求什么？你实现了目标后，打算做些什么？现在，你要做的唯一一件事就是在"绿灯市场选择工作表"中完成最后一部分内容，也就是检查点3。

也许，到了最后这个检查点，你只剩下一个显示了"绿灯"的市场了……或者你也可以在其中几个"绿灯"市场之间做出选择。无论如何，现在是你自信地决定要往哪个方向走的时候了。

一旦你做出了选择，我强烈地建议你用自己所能找到的最大、最粗的记号笔，在工作表上画一个醒目的粗体圆圈。

这就是你的商业创意，一旦你选择了它，就可以开始工作了。

借用我的一位导师曾经教给我的话："25年前是开始奋斗的最佳时机，但第二好的时机是今天。"

换句话说，今天也许就是最完美的时刻，再没有比此时此刻更好的选择了。

我相信你会全力以赴。在你做出这个决定，并朝着创办企业的方向迈出第一步之前，我一直在努力铺就一条清晰的道路。这样，你就不必像我过去那样，在黑暗中摸索前行，穿越所有的杂草和荆棘。我已经尽力减少误差，帮助你提高成功的可能性。

现在，剩下的就靠你了。我希望你能将刚才听到的无数故事作为动力，激励自己从优秀迈向伟大，作为怀着勇气和毅力生活的动力，或者作为行动指南，无论你选择以哪种方式来看待这些故事，都是恰当的。

请向我保证，你的创业之旅不会因为这本书的结束而终止。因为，对你和你的故事来说，这仅仅是个开始。

第 9 步

反直觉询问，
精准定位核心用户

你现在所处的位置可能是你能找到的最佳位置。你选择了一个经过仔细审核的利基市场，拥有了可靠的商业模式，甚至可能已经明确了自己的产品或服务。你掌握了关键信息，这是许多初创企业家所缺乏的，我敢说，大多数创业者都没有掌握这些信息。在你的创业旅程中，你已经拥有了创建成功企业所需的要素。

市场选择法的核心层级：传递你的"信息"

我在指导创业者时会使用同心圆这一理念来揭示市场选择方程式步骤的层级。我认为同心圆最酷的地方在于，不论有多少圈，它们的圆心都是相同的；我也正是因为这一点才会使用它们来解释市场选择方程式。我采用了一个由三个同心圆组成的图形（见图 9-1 ）。你会发现，我们已经讨论了最外侧的两个圆，目前唯一待探讨的是中心的那个圆。

图 9-1　市场选择方程式层级

　　将最外面的圆想象为"市场"。这是创业者做出的第一个也是最重要的决定，因为它的构造包含了所有内层圆。你已经了解了关于市场这个圆的一切，从它的各种类型、需要避免的陷阱，到能够证明其重要性的证据。接下来，你进行了头脑风暴，进行了相关测试，并选择了你的利基市场。

　　继续深入，下一个圆是"模式"。在本书前面部分的叙述中，我们一直将销售专业知识的商业模式作为你的关注焦点，但回顾一下就会知道，在这个模式中你还会面临不同的选择。模式这层圆圈的内容还包括产品网格、初级／进阶／最高阶模型，以及这一模型如何与五个必备市场要素相匹配。这些方面综合起来将形成一个严密的基础框架，助你迈向成功。

第三个也是最后一个同心圆是"信息"，它是最内层的核心。既然你已经选择了自己的市场，那么你打算对市场上的消费群体传达什么信息？首先，你要确定如何与他们建立联系；其次，你要思考如何在情感层面与他们建立深刻的联系；第三，你要思考如何满足他们真正的追求、需求和欲望。

有没有一种方法可以帮助你加入消费者群体正在进行的对话？有没有一种方法能够让你确切地了解他们真正想要什么？不是他们认为自己想要的，而是他们真正想要的，或者更确切地说，他们真正想购买的。

让你觉得自己已经做好了充分准备，是我最关心的事情。现在，你肯定拥有了足够的动力继续前行。但是，为了让你对本书接下来的内容有更充分、全面的了解，我有责任帮助你做好准备，迎接即将到来的核心任务。

用 SMIQ 法找到"高反应"潜在客户

还记得我在第一章提到，本书是我的第一本书《反直觉询问》的前传吗？尽管我经常听说读者在读完《反直觉询问》后取得了成功，但为什么仍然有人因为选择了一个糟糕的市场而挣扎呢？

无论他们运用了反直觉询问法后做了多么充分的准备，只要选择了错误的市场，他们就不可避免地会遭遇失败。因此，我意识到必须写下这本书来解释自己当初是如何遵循同样的步骤，选择了成功的市场。基于同样的理由，我发现自己必须把这最后一章纳入本书，以阐明在选择了市场之后立即发生的事情的重要性。在这章所阐述的同心圆模型中，处在核心层的是你的"信息"。

如果你不喜欢几何，我们可以回顾之前提到的航船比喻。你终于调查完了所有水系，考虑了各种可能性，并且选择了一条经过检验的河流。它的深度、宽度和水流的速度对你的航船来说都是理想的。你手持船桨，站在码头上，准备出发，但此时你突然想到：这是一艘合适的船吗？

你花了那么长时间，只是调查了你将在其中航行的河流。你甚至没有考虑过，自己是否拥有正确的交通工具，能够让你在这片水域中顺利航行。因此，出于时间和认知的考虑，你可能会认为，只要是一艘船，旧一点也没关系，只要它看起来足够坚固，能够成功地把你带到下游就行。

这么想真的对你有利吗？也许吧。但是你打算在船上航行多久？你需要顺路接上别人吗？你会遇到什么样的障碍？这些是任何有经验的船夫都会提出的问题，因为他们非常清楚，船只的形状、尺寸和建造材料决定了它的用途。为了使你的航行拥有最高的成功机会，你需要清晰地认识它的使用目的。也就是说，你需要知道你的核心用户是谁。

很久以前，让我夜不能寐的问题是不知道自己应该卖什么产品以及如何销售。经过漫长而复杂的探索后，当我看到其他创业者在了解市场需求的过程中仿佛在黑暗中摸索，我感到非常痛苦。他们为那些自己一无所知的客户提供产品，尽管他们的事业可能确实成功了，但大多数情况下他们并没有达到预期目的。因此，美国小企业的高失败率是众所周知的。

如果你对自己的核心用户一无所知，怎么可能知道他们想买什么产品呢？又怎么知道与他们交流的正确方式是什么呢？作为创业者，我们在创造实际产品的过程中投入了大量的时间、精力和资源，但同时还应当花费同样多的时间、精力来确保我们创造的产品或提供的服务正是我们的核心消费群体真正需要的。

最简单的解决方案就是找出人们想要的东西，然后提供给他们。就这么简单。但是，和生活中的大多数事情一样，这个方案的细节至关重要，它们决定着你的成败。这里有一个流程，能够帮助你了解客户想要的和需要的。

了解这个流程的万无一失的方法就是掌握"反直觉询问法"。接下来，我将对反直觉询问法进行高级分解，当你从商业创意转向创业本身的时候，我想让你得到一个完整的工具箱。

在选择了你的市场之后，就要采用一种有点违反直觉的营销方法——询问。第一，弄清楚你的客户到底想买什么；第二，以最小的风险成功创办你的企业；第三，在这个过程中吸引大量的忠实粉丝。

反直觉询问法的出发点是深层次地、更好地了解你的市场，这样一来，你就能更好地向市场上的消费者销售你的产品，也能更好地为他们服务。从情感层面理解你的消费者群体，需要以正确的方式提出正确的问题，了解你最理想的潜在客户想要什么。记住，不是他们认为自己想要什么，也不是他们说自己想要什么，而是他们真正想要什么。最重要的是他们真正想买的东西是什么。

据说亨利·福特曾说："如果我问人们想要什么，他们会告诉我，想要一匹更快的马……"史蒂夫·乔布斯说过："在你将人们想要的东西展示给他们之前，他们不知道自己想要什么。"这些话确实是正确的。人们不知道自己想要什么，但他们知道自己不想要什么，而这就是找出应该问什么问题的第一条线索。正确的问题，总有些违反直觉。

让我举个例子：

选定市场后就要进行的反直觉询问法的第一步——"深度调查"。深度调查（Deep Dive Survey，简称 DDS）包含了一系列你要提出的问题，它们都有特定的格式。提出这些问题的目的在于，了解你应当在新选择的市场中销售或制造什么产品。其中一个问题就是我们所说的 SMIQ（Single Most Important Question），它的意思是"最重要的一个问题"。我知道，这是一个富有创造性的名称，正如这个名字所指出的那样，它是你最重要的问题。如你稍后将看到的那样，到了创业旅程的这一刻，你已经提出了一半 SMIQ 问题。

SMIQ 也有其特定格式。事实上，当我把它介绍给你之前，你可能已经对其有所了解，因为成千上万的公司如今都将反直觉询问法视作他们业务中不可或缺的部分。所以，他们之中很可能有人已经问过你这个问题了。SMIQ 的格式类似于这样："当谈到 X 时，你遇到的最大挑战、困扰或难题是什么？请尽可能详细、具体地阐明。"

现在，我也揭示很酷的部分：

看到这里的 X 了吗？

用这个 X 代替……

你的靶心关键词！

是的，它也是你在这本书里想要努力达到的目标。

下面向你介绍如何展开这个过程：

首先，根据你选择好的市场来选择靶心关键词，不管它是"学习中文""提高记忆力""照料兰花"，还是其他什么。

让我们把你的靶心关键词假设为"训练狗狗如厕"。

将你的靶心关键词插入 SMIQ 中：

"在训练你家狗狗如厕时，你遇到的最大挑战、困扰或难题是什么？请尽可能详细、具体地阐明。"

当然，你可能需要对关键词进行稍微调整，确保它的语法是正确的，在句子中是有意义的。

现在，正如我们已经知道的那样，之所以采用这种特殊方式提出问题，原因在于人们虽然不知道他们想要什么，但他们知道他们不想要什么。人们可能无法告诉你，他们想要给自己梦寐以求的车里添置哪些东西，但他们可以，而且也会非常准确地告诉你，现在他们的车里最令人沮丧、烦恼的事情是什么。或者，在我们的案例中，他们会知道自己在训练狗狗如厕时遇到的最让自己抓狂的事情。换句话讲，如果你知道怎么询问，你的客户就会确切地告诉你他们想要什么。

无论通过 bucket.io® 这种专为 SMIQ 设计的调查软件来提问，还是通过一个简单的脸书帖子来提问，在你提出问题时都要让它保持开放。也就是说，回答者要用自己的语言说出自己的答案，而不是从几个选项中选择一个。

之所以提出开放式问题，是因为你要找到市场中的"高反应"潜在客户，即那些最有动力、最有兴趣、最有可能花钱购买你的问题解决方案的人们。你将以此揭示这些高反应潜在客户所使用的自然语言，以便你在自己的营销和信息传播中使用这种语言。你还将以此揭示，到底是什么原因使得市场中的高反应客户与众不同。这样一来，你就能将 100% 的精力集中在定位和服务类似客户上。

通过观察回答者对 SMIQ 的反应时间，你可以判断他们是不是高反应客户。在所有条件都相同的情况下，那些用更长、更详细的答案及更加热情的方式来回答"最使你沮丧的东西是什么"这一问题的人，比那些只用一两句简短语言回答问题的人，更有可能掏钱购买可以消除他们挫折感的产品或服务。

这是反直觉询问开始的地方，它并不是在这里就结束了。

从这里，你能够听到那些来自市场中的高反应人群反复提到的共同主题。这有助于你识别出大市场中的不同细分市场，或者我们称之为"斗"，大多数市场有三到五种需求，每种斗都有不同之处。然后，你可以找出应该关注哪些斗，并决定应该忽略哪些斗，同时发现每种斗中人们的独特诉求、需要和欲望。

现在明白这一切如何开始了吗？

你看到了吗？正如市场选择方程式的运用一样，通过提前提出这些问题，你可以降低风险并在一开始就取得成功。

提前完成这些工作，那么当你推出自己的网站时，就可以与不同需求的人进行有效沟通。当人们第一次主动访问你的网站时，你可以让他们回答一些简单的问题。这将帮助你确定你的沟通方式。你不仅需要在你的网站上这样做，还要在你的电子邮件和社交媒体上与他人沟通。

　　这样做并不一定意味着为每一种需求提供不同的产品。事实上，你可以在这里充分利用反直觉询问法的另一面，即感知定制的力量。你可以销售单一产品或服务，但在网站上要根据每位客户所属的群体，用不同方式探讨适合他们的产品或服务。你可以为每个群体创建一个页面，每个页面展示略有不同的特性和产品优势，同时分享不同的案例和成功故事。所有这些都根据某种需求的独特诉求、需要和欲望来定制。

　　因此，当某人访问你的网站，并且以同样的"通用"方式与所有人交流时，你首先要花时间提出几个简单的问题，而不是试图猜测他们是什么样的。然后，你可以根据这些问题的答案将他们引导到网站的另一个页面。在那里，使用他们习惯的语言准确地传达信息，并为他们提供他们想要和需要的确切产品或服务。

　　这看起来是不是有点像一个工作流程？坦白地说，确实如此。但就像市场选择方程式一样，反直觉询问也是一个组织严密、逐步推进的类似过程。反直觉询问和市场选择一样严格，它的设计初衷是降低风险，确保你不会浪费时间和金钱去制造没有人想买的产品。在制造产品之前，你应该首先提出问题。

　　和市场选择一样，反直觉询问也是一种方法。其复杂性的另一面其实是它的简单性。它揭示了每一位创业者在选择市场后遇到的最大问题，即：我如何准确地知道人们想买什么，并为他们提供产品，从而从一开始就取得成功？

反直觉询问法为你的成功奠定了基础。这是因为，你将知道人们想要什么，而不是猜测他们想要什么。与其以"通用"的方式与人们沟通，不如首先将他们放入相应的需求群体中，以便根据他们的情况定制你想要传递的信息。在这种情况下，你不会像局外人那样说话，而是会使用高反应客户的内在语言。你知道客户面临的最大痛苦和烦恼是什么，也知道他们内心最深处的追求、需求和欲望。

你付出了这么多努力，因为你的愿望不仅是更好地销售产品，还要更好地提供服务。结果呢？你对市场的深刻理解让客户觉得自己得到了你的理解。当他们觉得自己获得了你的理解时，他们就会爱上你和你的公司；到那时，他们就会成为狂热的粉丝；他们会期待着能够从你的企业中购买产品或服务，而且是重复购买。如果人们不知道你多么关心他们，他们就不会在乎你对他们了解多少，因此你应当在冰冷的数字世界中提供一些温暖的个性化品质。

从这里开始，奔向光明的未来吧！

市场选择进度

你刚刚完成了市场选择流程中的第三阶段！这里是对你目前的进展所做的简要总结：

第一阶段　头脑风暴

- 第 1 步　商业模式头脑风暴
- 第 2 步　市场头脑风暴
- 第 3 步　商业创意头脑风暴

第二阶段　测试

- 第 4 步　靶心关键词
- 第 5 步　市场规模最佳点
- 第 6 步　市场竞争最佳点
- 第 7 步　市场必备要素

第三阶段　选择

- 第 8 步　选择你的市场
- 第 9 步　反直觉询问

附加资源

RESOURCE

——— 市场头脑风暴工作表 ———

　　这份工作表是你开始思考你可能想要专注的市场的一个起点。这是一个头脑风暴，所以没有"坏"想法。只需针对每个头脑风暴提示记下你的所有想法，在此阶段，不必太担心审核你添加的内容。在过程中我会引导你通过另一个步骤来帮助你做到这一点。现在，你要做的是尽可能多地捕捉创意。

头脑风暴提示

你天生擅长什么？

提示： 人们经常向你寻求哪方面的帮助？你在哪些领域曾经取得过显著成功？有哪些事情对你来说显得容易，而对他人来说可能较为困难？

你有哪些专长？

提示：你拥有什么证书或资格？你曾经担任过什么职位？你进行过哪些深入的研究项目？

你喜欢为谁服务？

提示：考虑以下问题以帮助确定你喜欢服务的特定群体：是否有特定年龄段的人，你特别乐于提供服务？是否有面对特定挑战或情况的人，需要你的帮助？是否有具有特定个性或财务状况的人，你愿意为他们提供服务？是否有来自特定地理区域的人，你希望为他们提供服务？

你能帮助或影响谁?

提示:基于你的专长和热情,你能帮助或影响哪些人?你能采取哪些行动?

----

24 个有利可图的利基市场创意

这份清单为你提供了 24 个符合我所说的"市场甜蜜点"的利基市场创意。

这个"甜蜜点"就是你希望你的市场所处的位置。它是基于我在 23 个不同市场中进入一个又一个利基市场并从中获利而开发出来的秘密"市场标准"。

如果我现在有时间，我就会亲自进入这些利基市场！

1. 建立网站

2. 购买股票

3. 文案写作

4. 加密学

5. 数字摄影

6. 种植蔬菜

7. 家庭酿造

8. 家居装饰

9. 学习中文

10. 学习编程

11. 学习法语

12. 学习 Java

13. 倾听的技巧

14. 新生儿摄影

15. 房地产投资

16. 简历写作

17. 销售技巧

18. 出版经纪人

19. 肥皂制作

20. 歌曲创作

21. 快速阅读

22. 超凡冥想

23. 用户体验设计

24. 配音

商业创意头脑风暴工作表

1. 回答以下问题

2. 勾选相关方框

3. 统计勾选的数量

4. 确定优先级（仅选择前 3 项）

我想帮助人们……

	你愿意誓死捍卫这份事业吗？	是否对此充满热情？	它适合你的个性吗？	你能想象自己 5 年后还在做这个吗？	总计（统计你的勾选数）	优先级
例如："照料兰花"	☐	☐	☐	☐	☐	☐
	☐	☐	☐	☐	☐	☐
	☐	☐	☐	☐	☐	☐
	☐	☐	☐	☐	☐	☐
	☐	☐	☐	☐	☐	☐
	☐	☐	☐	☐	☐	☐
	☐	☐	☐	☐	☐	☐
	☐	☐	☐	☐	☐	☐

──────── 商业模式头脑风暴工作表 ────────

☑ 推荐：知识付费模式

以下是知识付费商业模式指南。只需勾选可能适用于你的情况或专长的各种模式

☐ **产品聚焦**

产品聚焦商业模式适合喜欢创建产品而无需在观众面前出现的人。这种模型特别适合倾向于内向的人。

　　☐ 数字课程
　　☐ 电子书
　　☐ 实体书

☐ **客户聚焦**

客户聚焦商业模式可以直接且深入地影响客户的生活或者生意。这种模型更适合更外向的人。

　　☐ 私人咨询
　　☐ 顾问团
　　☐ 团体辅导

☐ **会员聚焦**

会员聚焦商业模式可以为你提供持续性收益。这种模型更适合稍微

内向的人，他们不想直接与人打交道，但仍享受社区的归属感。

- [ ] 会员网站
- [ ] 在线社区
- [ ] 社群运营

- [ ] 活动聚焦

以出版标准，对下面文字进行审校：活动聚焦商业模式旨在为你提供集中，即通过举办活动聚集志同道合的人。这种模型更适合非常外向的人。

- [ ] 研讨会
- [ ] 训练营
- [ ] 现场活动
- [ ] 直播

头脑风暴笔记：

_____

_____

_____

_____

_____

_____

定位选择 **CHOOSE**

绿灯市场选择工作表

输入你的候选靶心关键词，检查每个候选关键字是否准确描述了人们正在寻找的内容。如果是，则继续确认每个候选关键词的市场规模是否处于市场竞争甜蜜点。

靶心关键词候选市场	谷歌 / 亚马逊首次通过测试		市场规模甜蜜点测试
	通过谷歌	通过亚马逊	
1.			红 黄 绿
2.			红 黄 绿
3.			红 黄 绿
4.			红 黄 绿
5.			红 黄 绿
6.			红 黄 绿
7.			红 黄 绿
8.			红 黄 绿
9.			红 黄 绿
10.			红 黄 绿
11.			红 黄 绿
12.			红 黄 绿
13.			红 黄 绿
14.			红 黄 绿

注意:

谷歌首次通过测试: 如果所有结果都如预期出现在谷歌首页上，则为通过，否则为不通过，处在边缘也等于不通过。

亚马逊首次通过测试: 如果产品与你可以根据这个关键词销售的产品一致，则为通过，你已步入正轨。如果不符合，则为不通过。

市场规模甜蜜点: 100% 在谷歌趋势甜蜜点内 = 绿色；100% 在谷歌趋势甜蜜点外 = 红色；触及谷歌趋势甜蜜点但高于或低于甜蜜点 = 黄色。

检查点 2

选择同时通过检查点 1 两项测试的靶心关键词，并将其添加到你的候选名单中，以便查看它们是否也通过了市场竞争甜蜜点测试和 5 个市场必备条件测试。

靶心关键词候选名单

	市场规模甜蜜点测试			市场规模甜蜜点测试					市场规模甜蜜点测试		
				常青市场	发烧友市场	IN: 10000 美元问题	UP: 将来的问题	有线的玩家			
1.	红	黄	绿	☐	☐	☐	☐	☐	红	黄	绿
2.	红	黄	绿	☐	☐	☐	☐	☐	红	黄	绿
3.	红	黄	绿	☐	☐	☐	☐	☐	红	黄	绿
4.	红	黄	绿	☐	☐	☐	☐	☐	红	黄	绿
5.	红	黄	绿	☐	☐	☐	☐	☐	红	黄	绿
6.	红	黄	绿	☐	☐	☐	☐	☐	红	黄	绿

注意：

市场竞争甜蜜点测试：统计该关键词在亚马逊首页的付费广告数量。如果在 3~7 之间＝绿色。如果为 0 或 ≥10＝红色。如果为 1、2、8、9＝黄色。

5 项市场必备条件测试：如果你拥有全部 5 个市场必备条件＝绿色。如果为 3 个或更少＝红色。如果为 4 个＝黄色。

检查点
3

选择在检查点 2 的两项测试中都获得黄色或更高分的靶心关键词，并添加到你的靶心关键词最终列表中。
恭喜，你已经准备好计算你的整体市场测试结果并选择你的市场！

靶心关键词候选名单   **整体市场测试**

1. _____   红   黄   绿

2. _____   红   黄   绿

3. _____   红   黄   绿

注意:

步骤 2 测试中的最低值决定了你的整体市场测试结果。

例如，如果你的关键词有一个绿色结果和一个红色结果，那么你的整体市场测试结果将是红色，因为这是两个结果中最低的一个。

结 语
CHOOSE

　　在我们结束之前，还有最后一条建议：我希望你合上这本书时，能够记住我为我的两个孩子，亨利和布拉德利写的这段话。尽管这段话是写给他们的，但是我想在这里和你分享我的经验，因为这太重要了，千万要记住。事实上，如果你没有从前面我分享的东西里学到任何东西，那么下面这些话，可能是你从整本书中读到的最重要的话。

　　也许将来某天，你们长大了，想和爸爸妈妈一样做个创业者，我希望你们能记住我下面的话。

　　人生最有成就感的时刻，最幸福的时刻，并不是实现了重要目标或到达了重大转折点的那一刻。

可能对目前的你来说，这些时刻可能是你最有成就感、最幸福的时刻，但那些短暂的高光时刻总会消逝。

成功推销第一件产品、挖掘到人生第一桶金、成为百万富翁等某些时刻虽说重要，但它们总是来了又去……你会发现自己总在不停地追逐，到达了某个转折点，就要追逐下一个关键的转折点，完成后又要追求更重要的转折点。但是，做一名创业者，并不是追求某个转折点，也不是为了达到某个标准，不需要对照任何人的标准来衡量自己，无论它们是由你的家人，或者其他什么人设定的标准，抑或是你们为自己设定的某些不切实际的高标准。永远不要拿自己跟其他任何人进行比较，人生就是自己的赛场，你们已经抵达了这个赛场，记住这一点，永远不要忘记。

做一名创业者，不是为了精通某一领域。警惕"精通"这个词，它难以捉摸，是一种永无止境的追求。你们要用毕生的精力和时间追求精通，而且你终有一天会在醒来时会发现，自己已经年老体衰、头发花白、孤单一人。人生太短、太宝贵，别把时间浪费在追求你们达不到的目标上，你们可能会因此而错过重要得多的事情，所以别管那些力不能及的目标，而是充满热爱地拥抱生活，这更重要。

做一名创业者，只关乎一件事，就是向前。向前意味着永远前行，不论你的速度是快还是慢；向前意味着进步，而不是完美，不论你这个时候是多么害怕；向前意味着做好你能做的事情，以便回馈社会，产生影响。而且，不要等着某一天才开始行动起来，而是现在就开始，今天就开始。

做一名创业者，不是为了抵达某个神奇的目的地，或者终有一天成就些什么，而是为了享受过程本身，为了快乐地体验创业的历程，为了开启全新的航程，并且享受风吹在脸上或狂野浪花打在脸上的感受。这就要你们张开双臂迎接艰难困苦，爱上创业之旅。

做一名创业者，意味着当你置身创业之中的时候，你要全身心地投入其中。因为，你只有一次机会，所以，不论你打算做什么，现在就去做。不要让恐惧阻碍你的步伐。我一生中唯一后悔的事情，就是让恐惧阻挡了我前进。要不断地提醒自己：世界上没有失败这回事，要么成功了，要么在创业中上了一课，尽管成功确实更有趣一些。

你将自己的航船放入一条河流……

当河水变得汹涌，航船寸步难行时；当你缺乏勇气，甚至少了几分毅力时；当你感到绝望、挫败、疲惫不堪时；当我不在你身边陪伴你时；当船翻了个底朝天，你被抛入冰冷刺骨的河水之中，孤独无助时；当你感到自己快被淹死了，找不到求生的道路时；你感到自己完全被淹没了时，请记住这句话：继续游下去。

如果你真的决心做一名创业者，那么快乐的秘诀是什么？满足的秘诀是什么？是持续不断寻找向前的动力，追求进步，而非完美，是享受过程，乐享旅途。不论一路上发生了什么，继续游下去。

不论你什么时候看到这些话，我都在这里，跟你讲这些。你懂的，我是认真的，你一定懂。不管怎样，请记住：我全心全意地爱你们，直到永远。

爱你们的，
爸爸

致 谢
CHOOSE

　　我在第一本书《反直觉询问》中提到：人们说，抚养一个孩子需要一个村子人的共同努力，而写这样一本书，不仅需要一个村子的人，还需要一个城市的人齐心协力。我相信这一点在今天比以往任何时候都更加正确。事实上，在这样一本书的封面上只列出一个名字，可以说是不公平的，因为如此之多的工作、支持和贡献来自如此之多的人。没有他们，这本书不可能问世。虽然我不可能感谢对这本书产生了影响的每一个人，但有几个人值得在这里特别提及。

　　首先是我的妻子泰勒妮，感谢她从一开始就支持我，和我并肩战斗。我们在一起度过了大半生，如果没有她令人难以置信的牺牲和支持，读者们在这本书中读到的任何事情都不可能发生。从创建一家如今影响着数百万人生活的公司，到创造不可思议的生活、建设美好的家庭，我都要永远感激你。谢谢你让我在近 20 年前的那天，放学送你回家。

感谢我的两个儿子，亨利和布拉德利。如果说这本书与你们选择谁有关，那么毫无疑问，你们就是我的"为什么"。成为你们的父亲，是我收到的最好礼物。

感谢我的父母，保罗和乔安妮，还有我的妹妹艾利森，谢谢你们一直支持我。读者们在这本书里读到的一切，都应当归功于我的父母。我们每个人只有站在巨人的肩膀上才能取得一定成就，而我的巨人就是父母。正是父母做出的牺牲、树立的榜样、在我年轻时言传身教的职业道德和价值观才造就了这本书，也使它对这个世界能够产生真正的影响。

感谢我的一大家子，包括我的妹夫帕特，他将我唯一的妹妹照顾得如此周到。感谢我妻子的家人，尤其是妻姐克拉拉和岳母玛丽亚，感谢你们把我们的孩子照顾得这么好，不论什么时候，你们都如此尽心尽力。我爱你们所有人。

接下来，位于致谢名单中的是米歇尔·法尔松（Michelle Falzon）。如果说有一个人在这本书里投入的时间比我自己还多，那就是米歇尔。你对这本书的每一页、每一段、每一个字，都倾注了无限的关注、关怀和爱心。米歇尔，没有你，我写不出这本书。能找到一个与自己完美互补的人，是很难得的，我十分感激今生能有机会与你共事。我以前说过，以后还会再说一遍：你是不可思议的。谢谢你为我所做的一切。

感谢我的商业伙伴理查德·库森斯（Richard Cussons）。在那个灾难性的日子，我告诉你我需要一个理查德，而你就恰好是那个人；这么多的理查德，只有你才是我的好伙伴。我十分感激生活将我们联系在一起，要是能早一些与你合作就更好了。在我的心里，我对你的爱和对弟弟的爱无异。我很感激能和你一同踏上这段创业旅程。虽然我的名字可能会出现在这本书的封面上，但我们共同创建的公司所获得的全部荣誉都离不开你。这仅仅是个开始。

还要感谢许许多多教练和导师，他们塑造了我的思想，他们的作品影响了读者在这本书中读到的内容，但有一个人我想在这里致以特别的感激，那就是我唯一的且最重要的导师，格伦·利文斯顿博士（Dr. Glenn Livingston）。格伦博士对我的生活、思想和工作产生了无法估量的影响。格伦·利文斯顿博士，因为你的作品，世界上的数百万人改变了他们的生活，我就是其中之一。谢谢你！

感谢布伦特·科尔（Brent Cole）和克丽斯塔·摩根（Krista

Morgan），谢谢你们在这份书稿上付出的所有令人赞叹的劳动——你们能够抓住浮现在我脑海中的混乱思想，并将其转化为我无法总结出来的内容。此外，还要感谢蒂姆·皮德森（Tim Pedersen），你使本书中的各张工作表和图表变得鲜活起来，超出了我的想象。

亚历克西斯·费多、安娜·鲍姆加特纳、贝弗莉·耶茨、查德·柯林斯、查理·华莱士、达娜·奥贝尔曼和迈克·马修森（Mike Matthewson）、贾马尔·米勒和娜塔莎·米勒、克丽丝蒂·肯尼迪、雷克斯·凯斯、迈克尔·海亚特、罗伯特·托雷斯、罗恩·雷克、肖恩·比斯尔及斯图·麦克拉伦，谢谢你们公开分享自己的故事，让我将它们写进这本书中，激励其他人追随你们的脚步。

非常感谢我的经纪人斯科特·霍夫曼（Scott Hoffman）和史蒂夫·特罗哈（Steve Troha），感谢你们对我和对这本书的信任，以及你们一路上的耐心和指导。简而言之，如果没有你们，这本书就不会出版。谢谢你们！

感谢海氏出版社（Hay House, Inc.）的雷德·特雷西（Reid Tracy）和玛格丽特·尼尔林（Margarete Nielsen），我从未想过还有比他们更好的合作伙伴帮我把这本书介绍给全世界。万分感谢我们的友谊与合作。感谢海氏出版社全体同仁，尤其是我的编辑程丽莎（Lisa Cheng），不仅感谢你们和我一起灵活地处理相关事务并表现出极大的耐心，也感谢你们以极高的编辑标准来完成这个项目。我还要感谢帕蒂·吉夫特（Patty Gift）、林赛·麦金蒂（Lindsay McGinty）、黛安·托马斯（Diane Thomas）、尼克·韦尔奇（Nick Welch）、玛琳·罗宾逊（Marlene Robinson）、史蒂夫·莫里斯（Steve Morris）等海氏出版社的其他成员。还有约书亚·艾伦（Joshua Aaron），谢谢你为这本书的有声读物所提供的帮助。

特别感谢我那不可思议的团队。他们包括 TeamASK 团队过去和现在的每一位成员，特别是艾略特、克里斯、伊恩、凯尔、丹妮尔、特雷西、玛丽、罗伯特、赫巴、梅丽莎、加里、卡洛斯、恩里克、汤姆、安东尼奥、特里、埃里卡、阿里、金伯利、梅根·S、凯莉、克里斯蒂娜、薇拉、布莱恩、克丽斯塔、帕姆、乔利、莱恩、乔、梅根·O、蒂姆、亚历克斯、埃米；我们所有的教练，即纳蒂、尼古拉、彼得、伊泽尔、玛莎、邓肯、约翰、艾莉森、肖恩，以及道格、克劳迪娅、丹、珍妮特、杰奎琳和丽贝卡；还有 TeamBUCKET 家族的所有成员。你们树立了卓越的标杆，为如何关心客户做出了榜样。你们是我这一生中遇到的最出色的同事。

感谢我所有的朋友、合作伙伴和同事，他们阅读了早期手稿并提出了反馈意见。他们包括阿尼克·西恩格、安妮·普拉特（Annie Pratt）、布伦登·伯查德、布莱恩·库兹、克里斯·达克、迪恩·格拉齐奥西、多里·克拉克、艾本·帕干、加勒特·甘德森、哈尔·埃尔罗德、詹姆斯·施拉姆科、杰森·弗里德曼、杰伊·亚伯拉罕、杰夫·沃克、约翰·阿萨拉夫、约翰·瓦瑞洛（John Warrilow）、乔什·特纳、凯文·哈灵顿、马克·福特（Mark Ford）、马克·蒂姆、迈克尔·海亚特、迈克·米哈洛维茨、尼古拉斯·库斯米奇、帕特·弗林、佩里·马歇尔、雷·爱德华兹、罗杰·杜利、瑞恩·戴斯、萨利·霍格斯黑德、塞琳娜·苏、托德·赫尔曼、汤姆·金克拉和维多利亚·拉巴尔姆，谢谢你们的反馈和支持，感谢你们让这本书变得更加完美。如果没有你们，我不可能做到这一点。

感谢所有大力支持本书出版却未在这里提及的朋友、学员与合作伙伴，谢谢你们通过自己的社区、消费对象和平台分享这本书的信息。你们是这本书的重要组成部分，我十分感激你们不可思议的支持。

感谢我辅导过的所有客户。和你们密切合作，见证你们战胜困难、发展壮大，并且以创业者的身份敦促你们自己实现自由、制造影响、留下传奇，是我每天踏上新征程的动力。有机会和你们一起庆祝你们的成功，也是我做好自己工作的力量。就是这么纯粹而简单。感谢你们让我在你们的创业之旅中扮演了一个小小的角色。

最后，感谢我所有的学员、读者及帮助出版《定位选择》和《反直觉询问》这两本图书的每一个人。30 岁那年，我差点陷入昏迷、即将死去，后来奇迹般获得了重生的机会。等到走出医院时，我问自己：在余下的生命旅程中，我想做些什么？答案是：教书育人。谢谢你们给了我这个机会，让我用我的一生去做我喜欢的事情。

在这里，我用经常对两个儿子说的话来结束这个部分：

保持好奇，提出问题，寻求真理；现在就走出去，改变世界。

[美] 杰夫·沃克　著

李文远　译

定价：69.80元

扫码购书

《浪潮式发售》（全新升级版）

让你卖什么都秒杀并
持续热卖的产品发售公式

　　互联网营销大师杰夫·沃克独创的产品发售公式重新定义在线营销，已指导和帮助世界级潜能开发专家安东尼·罗宾、利基营销大师弗兰克·克恩等数十位"各领域翘楚"，以及数千名企业家、数万名学员，取得了超 50 亿美元的惊人销售额。大量真实案例，都可以在网上搜索到。

　　《浪潮式发售》上市以来，杰夫·沃克从未停止检验和完善该公式的适用性，针对中小微企业、自由职业者资源有限的情况，本次升级版在原有的种子式发售、联营式发售、PLF 和 PLF2.0 的基础上，新增 3 条发售路径，探讨如何在发售时使用社交媒体、如何通过直播发售产品、如何使用付费流量进行发售，以及数十个作者亲自指导的产品发售案例。不论你卖的是电子产品、衣服鞋帽，还是手机软件、网络视频，都能在这本书中找到最适合的发售路径，以最快的速度风靡市场，狂销疯卖！

海派阅读
GRAND CHINA

READING YOUR LIFE

人与知识的美好链接

20 年来，中资海派陪伴数百万读者在阅读中收获更好的事业、更多的财富、更美满的生活和更和谐的人际关系，拓展读者的视界，见证读者的成长和进步。

现在，我们可以通过电子书（微信读书、掌阅、今日头条、得到、当当云阅读、Kindle 等平台），有声书（喜马拉雅等平台），视频解读和线上线下读书会等更多方式，满足不同场景的读者体验。

关注微信公众号"**海派阅读**"，随时了解更多更全的图书及活动资讯，获取更多优惠惊喜。你还可以将阅读需求和建议告诉我们，认识更多志同道合的书友。让派酱陪伴读者们一起成长。

微信搜一搜　🔍 海派阅读

了解更多图书资讯，请扫描封底下方二维码，加入"中资书院"。

也可以通过以下方式与我们取得联系：

📱 采购热线：18926056206 / 18926056062　　📞 服务热线：0755-25970306

✉ 投稿请至：szmiss@126.com　　🅖 新浪微博：中资海派图书

更 多 精 彩 请 访 问 中 资 海 派 官 网　　(www.hpbook.com.cn ⟩)